abc LA COLLECTION

Réussite

Le BAC efficace

Mission GRAND ORAL

Sciences humaines et sociales

SES

HGGSP

LLCER Anglais

Maths

Olivier JAOUI
Expert de la prise de parole en public et des entretiens
Intervenant dans les lycées pour la préparation au Grand oral
Fondateur de Mission-Admission.fr

Nicolas COPPENS
Professeur agrégé et docteur en didactique
Formateur dans les lycées pour le Grand oral

Pierre-Antoine DESROUSSEAUX
Professeur agrégé et docteur en Mathématiques

Linda ITOUCHENE
Professeur agrégée d'Anglais

Garance OUAZINE
Professeur d'Histoire-Géographie

Étienne SCHARR
Professeur agrégé de Sciences Économiques et Sociales

Maud STEIDEL
Professeure documentaliste

Nathan

Attention !

Les modalités du Grand oral peuvent évoluer. Grâce à ce lien, soyez informé(e) des dernières nouveautés concernant cet examen.

Direction éditoriale : Géraldine de Saint Palais
Coordination éditoriale et édition : Eva Aguerretche
Conception graphique intérieure et couverture : Élise Launay
Composition : Fabienne Grain
Schémas : Coredoc
Illustrations : Vincent Bergier
Fabrication : Frédéric Bouly

Les éditions Nathan et les auteurs remercient Avi Jaoui pour sa relecture attentive.

Nous remercions également, pour la réalisation des supports : Camille, Elina, Julie, Laurence, Maria, Stéphane et Thémis.

SOMMAIRE

LISTE des ressources

Pour accéder aux ressources listées ci-dessous, flashez les QR codes qui apparaissent au fil des pages de l'ouvrage.
Vous pouvez aussi les télécharger sur **mission-grand-oral.nathan.fr**.

VIDÉOS

- Présentation commentée du Grand oral
- Votre préparation de l'exposé vous mettra en confiance
- Choisissez deux questions qui vous intéressent
- Comment formuler vos deux questions
- Montrez un support au jury
- Intelligence artificielle et Grand oral
- Rédigez une note pendant le temps de la préparation
- Montrez au jury que vous avez travaillé
- Dédramatisez la prise de parole en public
- Entraînez-vous à la prise de parole en public
- Engagez-vous et dites *Je*
- Adressez-vous au jury
- Faites une bonne première impression
- Variez votre manière de parler
- Faites des pauses
- Bafouillements et tics de langage
- Le non verbal 1 - Votre sourire
- Le non verbal 2 - Votre regard
- Le non verbal 3 - Vos mains parlent
- Le non verbal 4 - Les gestes parasites
- Debout pendant l'exposé
- Exercice : *Et si vous étiez un… ou une…*
- Exercices amusants de prononciation
- Exercices simples pour varier votre manière de parler
- Exercices de prise de parole
- Exercice : *Et si vous parliez de vous ?*
- Respectez la règle des dix minutes
- Annoncez votre conclusion et réussissez votre sortie
- Comment choisir un sujet ?
- Assis(e) pendant la discussion
- Comment vous entraîner au Grand oral
- Votre « check-list » la veille du Grand oral

PODCASTS

- Résumé des exposés oraux de tous les sujets complets

SITES INTERNET

- Tous les sites Internet cités dans les pages de ce livre.

Et aussi…

→ **Toutes les pages « À vous de jouer »** à imprimer et à compléter
→ **Les exemples de supports**
→ **Des exemples supplémentaires** de questions possibles
→ **Des exemples de réponses** aux questions du jury

MODE D'EMPLOI

Comment ce livre va vous aider à réussir votre Grand oral

Pour chaque **étape** de votre préparation, vous trouverez des **conseils simples** et **efficaces**, accompagnés systématiquement d'**exemples** en **SES**, en **HGGSP**, en **maths** et en **LLCER**.

PARTIE 1

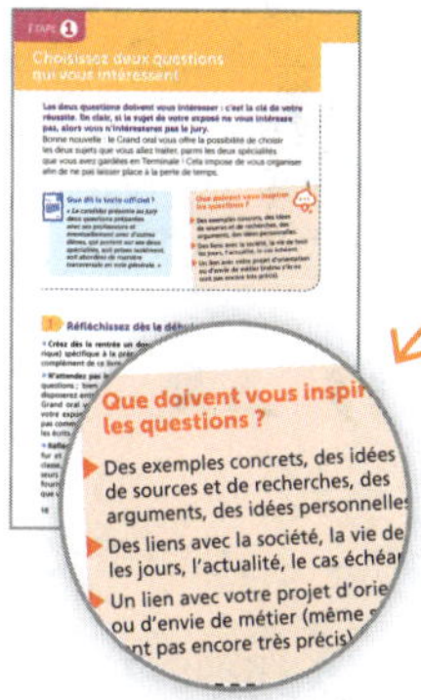

Beaucoup de **conseils pratiques**, des **astuces** pour **choisir ses questions**, préparer son **exposé** et anticiper la **discussion** avec le jury

Des pages pour vous **exercer**

Avec des exemples de **questions** en SES, en HGGSP, en maths et en LLCER

PARTIE 2

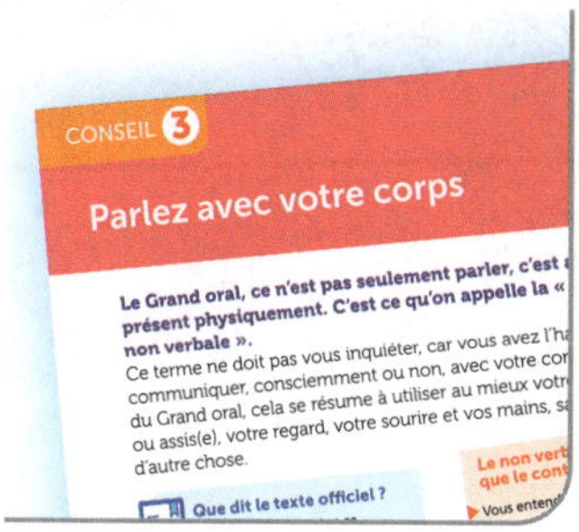

Des **conseils** pour vous mettre en **confiance** et vous entraîner aux **techniques de l'oral**

Des **exercices simples** et **progressifs** pour vous entraîner pour le **jour J**

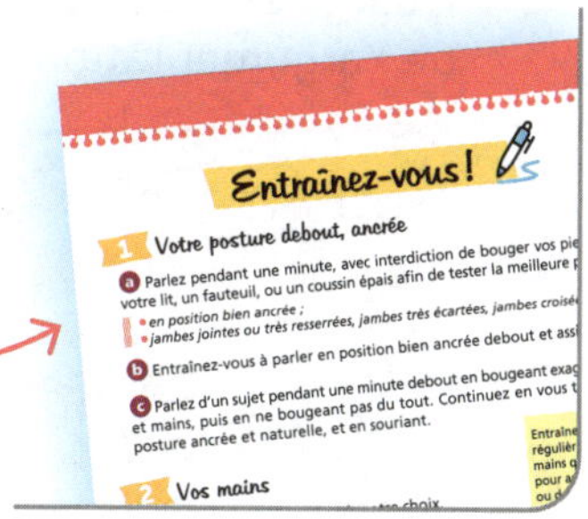

PARTIE 3

Le **podcast** du résumé de chaque sujet sur Nathan Live !

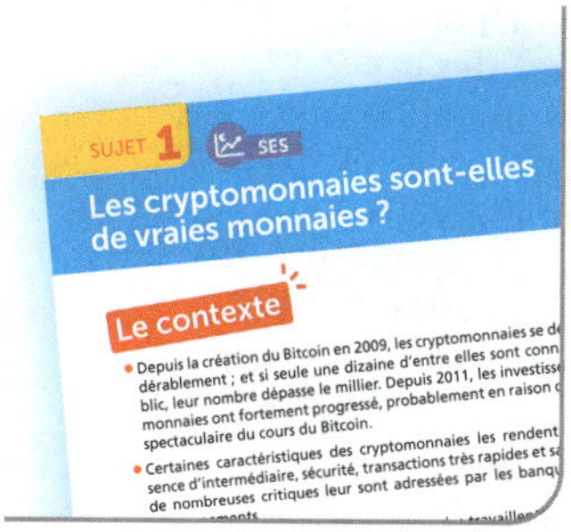

- Des modèles de **questions rédigées** et **commentées** pour bien vous préparer **toute l'année** et **assurer le jour J**
- Avec **des ressources, des supports, des exposés oraux commentés et des exemples de questions du jury**

Comment se déroule l'épreuve

Notation

Bac général coef. 10

Le jury valorise la solidité de vos connaissances, votre capacité à argumenter et à relier les savoirs, votre esprit critique, la précision de votre expression, la clarté de votre propos, votre engagement dans la parole, votre force de conviction.

LES 5 CRITÈRES D'ÉVALUATION

- Qualité de l'épreuve orale
- Qualité de la prise de parole en continu
- Qualité des connaissances
- Qualité de l'interaction
- Qualité et construction de l'argumentation

+ Grille d'évaluation indicative en flashant ce QR code.

Au cours de l'année

Choisissez et préparez vos questions

Vous devez choisir deux questions portant sur vos enseignements de spécialités soit pris isolément, soit abordés de manière transversale.

Toute l'année, vous préparez ces questions avec vos professeurs et vous anticipez la discussion avec le jury.

Entraînez-vous aux techniques de l'oral

Vous devez travailler la prise de parole en public grâce à des exercices d'élocution, de débit de la parole, de votre rythme à l'oral… Vous pouvez également travailler votre posture : gestes expressifs, regards, sourires…

Le jour J en 2 temps

1er TEMPS
Présentation d'une question

Vous proposez vos deux questions au jury

Le jury en choisit une seule, que vous devrez présenter

20 min

TEMPS DE PRÉPARATION

- Vous préparez votre présentation de la réponse à la question choisie par le jury. Il est possible de préparer un support que vous montrerez au jury : le support est facultatif mais il peut vous être très utile pour améliorer votre présentation.

10 min

PRÉSENTATION

- Présentation orale de votre réponse à la question choisie par le jury, debout et sans note.

2e TEMPS
Échange avec le jury sur l'exposé oral

10 min

- Il s'agit d'approfondir votre travail et de répondre à des questions autour de votre exposé.
- Le jury peut vous poser des questions sur les parties du programme du cycle terminal en lien avec la question traitée.
- Durant l'échange avec le jury, vous pouvez également vous appuyer sur les notes rédigées durant le temps de préparation.

Attention !

Les modalités du Grand oral peuvent évoluer. Grâce à ce lien, soyez informé(e) des dernières nouveautés concernant cet examen.

PARTIE 1

PRÉPAREZ VOS QUESTIONS ET LA DISCUSSION

ÉTAPE 1

Choisissez deux questions qui vous intéressent

Les deux questions doivent vous intéresser : c'est la clé de votre réussite. En clair, si le sujet de votre exposé ne vous intéresse pas, alors vous n'intéresserez pas le jury.
Bonne nouvelle : le Grand oral vous offre la possibilité de choisir les deux sujets que vous allez traiter, parmi les deux spécialités que vous avez gardées en Terminale ! Cela impose de vous organiser afin de ne pas perdre de temps.

Que dit le texte officiel ?

« Le candidat présente au jury deux questions préparées avec ses professeurs et éventuellement avec d'autres élèves, qui portent sur ses deux spécialités, soit prises isolément, soit abordées de manière transversale en voie générale. »

Que doivent vous inspirer les questions ?

- Des exemples concrets, des idées de sources et de recherches, des arguments, des idées personnelles.
- Des liens avec la société, la vie de tous les jours, l'actualité, le cas échéant.
- Un lien éventuel avec votre projet d'orientation ou un de vos centres d'intérêt.

1 Réfléchissez dès le début de l'année

- **Commencez à réfléchir** à vos deux questions, si possible **dès la Toussaint et absolument à partir du mois de janvier**. Vous passerez le Grand oral peu après les épreuves écrites de spécialité et vous n'aurez pas le temps de finaliser vos deux exposés de 10 min en même temps que vos dernières révisions. Il vous faudra aussi du temps pour les mémoriser. Anticipez... pour préparer votre Grand oral de manière sereine et efficace.

- **Réfléchissez à des questions qui vous intéressent** au fur et à mesure de l'étude des chapitres en classe. Appuyez-vous sur les thèmes que vos professeurs vous ont conseillés en classe, sur les exemples fournis par vos manuels ou ce livre, ou sur des idées que vous avez eues en relation avec le programme.

D'où provient une idée de question ?

D'un événement personnel ou de la confrontation à une source (manuel, expérience, cours, exposé, article, livre, film, actualité, une rencontre, etc.).

Feuilletez par avance vos manuels de spécialité pour prendre connaissance des grands thèmes qui seront développés et avoir déjà en tête ceux qui vous intéressent le plus.

- **Notez systématiquement les questions qui vous intéressent** à chaque fin de chapitre, dites-vous : « *ça m'a plu* », « *ça m'intéresse* », « *je le garde, je déciderai plus tard* ». Listez vos questions → p. 13

2 Anticipez le contenu de vos exposés

- **Assurez-vous que vous aurez « de quoi dire »** sur le sujet ; pour cela, discutez-en avec d'autres élèves, vos professeurs ou autour de vous.
- **Pour commencer à creuser le sujet,** posez-vous les questions classiques autour du sujet : « qui, quoi / de quoi, qui, comment, combien, où, quand, pourquoi, etc. ». Sachez expliquer l'intérêt de vos questions → p. 14
- Il ne s'agit pas seulement d'exposer ou d'expliquer, mais aussi de **convaincre**, dans la mesure du possible.
- Afin d'envisager les différents aspects du sujet, vous pouvez aussi **réaliser un schéma** ou une ébauche de **carte mentale** ou **« vous mettre à la place de quelqu'un »** : plus jeune, plus âgé(e), plus ou moins optimiste, réaliste, idéaliste, critique... ou même habitant(e) d'un autre pays ou d'une autre époque.
- **Notez pour chaque idée de question,** en au moins trois points, pourquoi elle vous intéresse.
- Suivez son éventuelle **actualité**.

> • N'oubliez pas la possibilité de choisir des **questions transversales** à vos deux spécialités.
> • Ne vous compliquez pas la vie : vous avez le droit de choisir des questions simples, mais ne choisissez pas un sujet trop vaste, ni trop pointu, ni trop « plat ».
> • Il est possible qu'une nouvelle idée en efface une autre... petit à petit votre choix s'affine !

3 Pensez aux consignes du Grand oral

- Nous vous recommandons de présenter vos questions **sous forme interrogative** (donc avec un point d'interrogation).
- Cela vous permet (et vous impose) de définir un **angle** qui vous servira de **fil conducteur** pour la préparation et votre présentation. Étape 2 → p. 17
- Il faudra **valider le thème** choisi et la **formulation** de la question avec vos professeurs de spécialités. Assurez-vous aussi qu'elle a un lien avec les programmes de **Première** ou de **Terminale**.
- **Demandez-vous s'il est réaliste d'y répondre en 10 minutes** (votre exposé ne doit être ni trop court, ni trop long).
- La question peut, sans obligation, avoir un lien avec votre **projet de poursuite d'études**, voire de votre **projet professionnel** ou pourquoi pas être en lien avec une de vos activités extra-scolaires.

LES POINTS-CLÉS de cette étape

- ✓ Créez un dossier ou un fichier que vous alimenterez régulièrement.
- ✓ Choisissez des questions qui vous intéressent vraiment et qui peuvent intéresser le jury.
- ✓ Vous pouvez vous appuyer sur un de vos centres d'intérêt ou sur votre projet d'orientation
- ✓ Prenez en compte les consignes officielles.

4 Vous pouvez vous appuyer sur un de vos centres d'intérêt ou souhaits d'orientation

- Partir d'un sujet qui vous intéresse personnellement vous permettra de travailler avec d'autant plus de plaisir.
- Vous serez particulièrement performant(e) durant la discussion puisque c'est un sujet qui vous concerne.
- N'hésitez pas à raconter des anecdotes, cela rendra vos exposés attractifs et plus faciles à mémoriser.
- Les membres du jury pourront vous interroger à propos de ce centre d'intérêt ou de vos choix d'orientation lors de la discussion.
- Sur quoi vous appuyer ?
  – la pratique d'un sport ou une activité artistique (musique, théâtre, danse, dessin…) ;
  – un engagement dans une activité associative, humanitaire, un intérêt pour l'écologie, une technologie, pour l'astronomie ou même la philatélie ! ;
  – un stage ou un « job » ;
  – un élément du programme d'une de vos spécialités.

Vous trouverez très facilement de nombreux exemples de sujets réels du Grand oral où vous verrez que les élèves s'appuient sur un centre d'intérêt ou leur orientation. Vous pouvez vous inspirer de ce type de sujet en le personnalisant.

- Comment exploiter vos choix d'orientation ou de débouché ?
  – Quel que soit le débouché qui vous intéresse, vous pourrez trouver un lien avec une de vos spécialités ou les deux.
  – Renseignez-vous bien sur les études possibles et parlez de vos vœux sur Parcoursup. Le jour du Grand oral, vous saurez peut-être déjà dans quelle formation vous irez à la rentrée.
  – Renseignez-vous sur les principaux intérêts du métier que vous souhaiteriez exercer, ses contraintes, la manière de le pratiquer…
  – Recherchez des exemples, des actualités sur ce métier ou son secteur d'activité ; idéalement discutez avec un professionnel… et faites-le savoir durant le Grand oral !
- Si votre sujet a un lien avec votre avenir professionnel, il est probable que les membres du jury vous interrogent à propos de votre orientation lors de la discussion.
  – Les membres du jury s'intéressent aux études supérieures car ils enseignent en lycée et vous préparent à votre entrée dans le supérieur.
  – Lors des premières années lors du Grand oral, une partie de l'épreuve était spécifiquement dédiée au projet d'orientation du candidat. Il est tout à fait possible que certains membres du jury continuent à vous poser des questions concernant votre orientation.
  – Anticipez ces questions ou tendez des perches au jury dans votre exposé.

Étape 6 → p. 45

→ Listez vos questions

SES

- Comment expliquer la déviance ?
- Comment l'exclusion sociale se manifeste-t-elle ?
- Comment l'État providence participe-t-il à la justice sociale ?
- Dans quelle mesure l'économie participe-t-elle au développement durable ?
- Pourquoi faut-il réduire le déficit public ?
- Peut-on considérer qu'il existe un taux d'inflation optimal ?

• Certaines questions commencent par « *Comment expliquer* », ce qui signifie que vous devrez présenter des **théories** permettant d'expliquer des **phénomènes économiques ou sociaux**.

• D'autres questions commençant par « *Comment* » font plus appel à **l'explication de mécanismes**.

Les questions commençant par « *Dans quelle mesure* », « *Peut-on considérer que* » ou « *Pourquoi* » impliquent d'**argumenter en faveur ou contre** une idée, une théorie, une thèse.

HGGSP

- La valorisation du patrimoine et le tourisme sont-ils compatibles ?
- L'ONU est-elle une organisation efficace pour maintenir la paix ?
- La Chine, nouvelle puissance du cyberespace ?
- En quoi la conquête de nouveaux territoires spatiaux et maritimes permet à la Chine d'affirmer sa puissance ?
- Comment la France met-elle sa gastronomie au service de sa diplomatie ?
- Comment la représentation de la Shoah dans le cinéma a-t-elle évolué depuis les années 1950 ?

La **formulation** de questions fermées n'implique pas une réponse par « oui » ou par « non ». Il est nécessaire de **souligner les limites** ou les **points contradictoires** soulevés par le sujet étudié.

MATHS

- Comment expliquer que, dans un groupe de 23 personnes, il y a plus d'une chance sur deux qu'au moins deux d'entre elles soient nées le même jour ?
- Comment modéliser un jeu télévisé pour assurer sa rentabilité ?
- Comment approximer le nombre π ?
- Comment expliquer certains paradoxes ? L'exemple du paradoxe d'Achille et de la tortue.

Certaines questions commencent par « Comment expliquer », ce qui signifie que vous devrez présenter les **détails des raisonnements** et des **outils mathématiques** permettant d'expliquer le sujet traité.

ÉTAPE 1 Choisissez deux questions qui vous intéressent

→ Sachez expliquer l'intérêt de vos questions

SES

Peut-on considérer qu'il existe un taux d'inflation optimal ?

1. Décrivez le contexte de la question

Cette question est d'actualité, car la science économique et les politiques économiques ont beaucoup évolué depuis la crise de 2008, et à nouveau depuis la crise de la Covid-19 en 2020.

2. Établissez son lien avec le programme

La question touche à la fois à la **croissance économique** et aux **crises financières**, deux notions étudiées en Terminale, ainsi qu'à la **création monétaire**, étudiée en Première.

3. Mobilisez les théories et trouvez des prolongements possibles

- Cette question donne la possibilité de mobiliser des **théories classiques et contemporaines** concernant le phénomène étudié, comme celles de **Keynes, Friedman, Krugman** ou **Blanchard**.
- Elle permet aussi de prolonger la réflexion sur la **pertinence des modèles économiques** et de leur application à l'économie réelle.

HGGSP

La Chine, nouvelle puissance du cyberespace ?

1. Décrivez le contexte de la question

Depuis les années 1990, un **cyberespace** a émergé. La Chine a l'ambition d'en devenir une grande puissance, concurrençant les États-Unis.

2. Établissez son lien avec le programme

Dans le thème 6 consacré à **« l'enjeu de la connaissance »**, l'objet de travail conclusif est consacré au **cyberespace**. En 1re, les thèmes 2 et 4 du programme s'intéressent respectivement à l'**analyse des puissances internationales** et à l'**information à l'heure d'Internet**.

3. Réalisez un croquis et trouvez des prolongements possibles

- Une carte mentale présentant les différents aspects de la puissance chinoise peut également permettre de faire le lien avec le thème 1 de Terminale, intitulé **« De nouveaux espaces de conquête »**.
- Le cyberespace est à l'origine de la création de métiers techniques (développeurs Internet) ou en lien avec la production de contenus (community manager), la production graphique (web designer), etc.

À vous de jouer !

› Listez des thèmes ou des questions qui vous intéressent.

› Choisissez un thème ou une question pour vous entraîner.

1 Expliquez l'intérêt de la question

Notez en trois points précis pourquoi le thème / la question vous intéresse.

1.

2.

3.

Reliez ce thème / cette question à une éventuelle actualité, à la « société », à la vie de tous les jours, à un exemple personnel.

2 Faites le lien avec le programme

À quelle(s) partie(s) du programme de spécialité de 1re et/ou de Term est-ce lié ?

3 Commencez votre réflexion

Notez « en vrac » les idées, les mots-clés qui vous viennent à l'esprit à propos de ce thème / cette question, en vous posant les questions *« en quoi, de quoi, qui, comment, combien, où, quand, pourquoi... ? »*.

Pour exploiter le thème ou la question, reliez-les à :

- des exemples personnels, concrets, factuels (faits, chiffres, constats), issus de l'actualité, etc. :
- des premières idées de sources et de recherches :
- des types d'arguments :
- des études / métiers / secteurs qui vous intéressent ou vos activités extra-scolaires :

Ressources à exploiter

- D'autres idées de questions peuvent être trouvées en consultant par exemple le site : https://leblob.fr/series/bizarre-bizarre
- Téléchargez et imprimez cette page pour vous entraîner !

Formulez vos questions

Comme le disent les journalistes : « Dans l'ordre, on choisit d'abord un sujet puis un angle pour le traiter ».

Question de vocabulaire

- Au lieu du mot « angle », nous aurions pu utiliser le mot « problématique ».
- Votre angle, c'est le regard personnel que vous allez porter sur le sujet.

1 Pourquoi formuler votre sujet par une question ?

- Parce que c'est une **exigence** du Grand oral et que votre **angle** ciblera la manière dont vous traiterez votre sujet et vous évitera de vous en éloigner.
- La formulation de la question **orientera le contenu de votre exposé** et sa préparation.
- Votre question pourra être ainsi plus **accrocheuse**.

Accrochez !

Dès l'annonce de vos deux questions au jury, vous leur donnerez envie de vous interroger. Ne craignez ni l'originalité, ni la personnalisation !

2 Comment formuler vos questions ?

Vous êtes libre du choix de la formulation ; les questions possibles sont infinies.

- **Des questionnements courants :** *Qui, Que, Quel / De quoi / En quoi / Comment ? Pourquoi ? Quand / Depuis quand ? Combien ? Où ? Etc.*
- **D'autres exemples** : *Pour ou contre ? Peut-on ? Doit-on ? Dans quelle mesure ? Et si ? Est-il possible de ? Est-il souhaitable de ? Est-il vrai que ? Est-il faux de ? Pour quelles raisons ? Quelles seraient les conséquences ? Quelles sont les causes ? Pourra-t-on un jour ? Est-il réaliste de ? Etc.*
- **Vous pouvez débuter vos questions par** une **citation**, une **anecdote**, un **fait d'actualité**, etc.

Les bons mots

- Utilisez des termes conformes au vocabulaire de la spécialité.
- Évitez un vocabulaire trop familier ou imprécis.

Ressources à exploiter

+ Comment formuler vos questions.

LES POINTS-CLÉS de cette étape

- Utilisez une phrase interrogative.
- Cherchez une formulation accrocheuse et explicite.
- Concentrez-vous sur l'angle que vous avez choisi.

→ Choisissez votre angle

SES

- Si vous souhaitez proposer une question portant sur la **lutte contre le chômage**, étudiée en T^erm spécialité SES, vous pouvez choisir des angles différents :
  - un angle étudiant la **politique de l'emploi mise en œuvre en France** : « *Comment peut-on mesurer l'efficacité des politiques de l'emploi en France ?* » ;
  - un angle plus large questionnant la **définition du chômage** et celle de « **halo du chômage** » : « *Les politiques de l'emploi ne concernent-elles que les chômeurs ?* » ;
  - un angle plus **sociologique** : « *Le chômage touche-t-il tous les individus de la même manière (sexe, âge, diplôme, origine, etc.) ?* ».

- D'autres questions sur la même thématique semblent quant à elles **moins pertinentes** :
  - la question « *Quelles sont les différentes sources du chômage ?* » est **trop générale,** elle ne permet pas de proposer une réponse intéressante à exposer en dix minutes à l'oral. Elle vous conduirait à réciter votre cours et donnerait l'impression que vous ne vous l'êtes pas approprié(e). Préférez une question plus précise sur la même thématique associée à un fait d'actualité, par exemple : « *Quelles formes de chômage sont visées par les différents éléments de la politique de l'emploi française ?* » ;
  - la question « *Les robots vont-ils mettre les humains au chômage ?* » amène à faire une **réponse incertaine** concernant l'avenir. En revanche, il est possible d'étudier la manière dont les choses se sont passées au cours de l'histoire : « *Les machines prennent-elle la place des humains dans le processus productif ?* ». Après avoir parlé des diverses révolutions industrielles et de la thèse du déversement (Sauvy), vous pourrez toujours évoquer de futurs robots, mais dans la conclusion et en montrant bien qu'on ne peut émettre que des conjectures à ce sujet.

Gagnez des points !

La question de la lutte contre le chômage est traitée dans le programme de spécialité SES en Terminale. Rappelez-vous que l'objectif du Grand oral est de proposer une réflexion que vous aurez approfondie pendant une longue période. Le niveau d'analyse attendu est donc plus élevé qu'une simple récitation de cours.

HGGSP

- Si vous souhaitez proposer une question sur les **conflits au Moyen-Orient** (objet de travail conclusif du thème 2 intitulé **« Faire la guerre, faire la paix : formes de conflits et modes de résolution »** en Terminale), vous pouvez choisir des angles différents.
  - Un premier angle s'intéresse au **rôle des différents acteurs** qui prennent part aux conflits au Moyen-Orient, notamment les États-Unis, à travers la problématique suivante : « *Comment les États-Unis se sont-ils impliqués dans les différents conflits intervenus au Moyen-Orient depuis 1945 ?* ».
  - Un deuxième angle analyse les **liens entre les conflits au Moyen-Orient et le développement du terrorisme** : « *En quoi les conflits au Moyen-Orient contribuent-ils au développement du terrorisme ?* ». Il s'agit de s'appuyer aussi sur l'axe 1 du thème 2 qui étudie la dimension politique de la guerre et l'émergence de groupes terroristes comme Al-Qaïda et Daech.
  - Un troisième angle peut privilégier une autre échelle que le Moyen-Orient et étudier un **conflit en particulier** tel que le conflit israélo-arabe pour en comprendre les différents enjeux avec la question « *Le conflit israélo-palestinien, une paix impossible ?* », cette question étant en lien avec l'axe 2 du thème 2 du programme consacré « au défi de la construction de la paix ».

π MATHS

- Si vous souhaitez proposer une question portant sur la notion d'**intégrale sous une courbe**, étudiée en T^{erm} spécialité Mathématiques, vous pouvez choisir des **angles différents** :
  - un angle qui privilégie une approche historique du calcul intégral par approximation, traitée par le biais d'un exemple. La question pourrait être : « *Quand sont apparues les premières méthodes d'approximation des aires sous une courbe ?* » ;
  - un angle qui compare différentes façons de déterminer une approximation d'une intégrale : « *En quoi une méthode d'approximation d'une intégrale sous une courbe peut-elle être plus efficace qu'une autre ?* » ;
  - un angle qui utilise des raisonnements mathématiques et qui met l'accent sur un mathématicien : « *Comment calculer les intégrales de John Wallis ?* ».

John Wallis, mathématicien anglais (1616-1703)

Ressources à exploiter

Téléchargez et imprimez cette page pour vous entraîner !

À vous de jouer !

Explicitez l'angle qui vous semble intéressant à traiter concernant un des thèmes qui vous intéressent :

....

....

....

1 Proposez des formulations

Recherchez des formulations conformes à l'angle choisi.

- D'abord en cherchant à utiliser des questionnements courants : *Qui, Que, Quel, De quoi / En quoi / Comment, Pourquoi, Quand / Depuis quand, Combien, Où ? Etc.*

....

....

....

- Puis en recherchant d'autres formulations plus spécifiques à votre angle.

....

....

....

Utilisez-vous un vocabulaire suffisamment recherché et conforme à la spécialité ?

☐ OUI ☐ NON

Si NON, tentez d'améliorer la formulation.

....

Quelles accroches pourriez-vous utiliser pour attiser la curiosité du jury ?

....

....

ÉTAPE 3

Documentez-vous et exploitez vos sources

Les 10 minutes du Grand oral et les 10 minutes de la discussion exigent une véritable préparation. Le jury sera indulgent sur la qualité de votre « prestation » orale, mais il le sera moins sur la qualité de votre préparation.

Vous serez évalué(e) sur le contenu de votre exposé, vos connaissances et la qualité de votre préparation. Vous ne pourrez pas vous contenter d'un « copier-coller » d'un site, ni de recherches bâclées ou d'une requête à une intelligence artificielle !

Impliquez-vous

- Vous allez choisir deux questions précises et personnelles, dont vous ne trouverez pas les réponses dans un livre, sur Internet, ou en classe, car ce n'est pas le rôle de vos enseignants de vous fournir des « réponses toutes prêtes ».
- Vos connaissances initiales ne suffiront pas... profitez-en pour en apprendre plus et obtenir une excellente note !

1 Que cherchez-vous ?

- **Une fois vos questions choisies, dressez un état des lieux** sincère et synthétique de vos connaissances (sous forme de tableau, de carte mentale, de plan rédigé, de liste de mots, etc.) et des idées de ressources potentielles.
- **Complétez et élargissez vos connaissances** en réalisant des recherches.

Il faudra montrer que vous avez travaillé, cherché, compris, aussi bien lors de votre exposé que sur votre support et lors de la discussion avec le jury.

a Que devez-vous rechercher ?

- Des **connaissances** et **informations** relatives à vos questions.
- Toute **idée**, tout **argument**, tout **contre-argument**, doit être illustré par un exemple, un fait, des chiffres (sans en abuser), une citation (sans en abuser non plus), un contenu issu du programme, une anecdote, un lien avec la vie quotidienne, etc.

b Recherchez des opinions / théories divergentes

L'un des objectifs du Grand oral est de montrer votre capacité à convaincre.

- Selon les spécialités et les questions, vous serez confronté(e) à des **sujets de débats** où plusieurs opinions existent. Quelle que soit votre opinion, vous **devrez prendre position**. Vous devez connaître les différentes opinions, puis comparer des sources différentes sur un même sujet.

Soyez précis

- N'utilisez jamais de termes que vous ne savez pas définir.
- Dès que vous rencontrez un mot que vous ne connaissez pas, si vous comptez l'utiliser dans votre exposé ou potentiellement durant la discussion, recherchez-en la définition.

● **Vous pouvez délibérément visiter des sites « engagés »**, mais non extrêmes, en essayant de comprendre pourquoi parfois l'information ou les avis divergent. Pensez tout particulièrement à conserver vos sources.

c Actualisez régulièrement vos connaissances

● Il est possible que vos questions aient un **lien avec l'actualité**.

● **Cherchez régulièrement,** et tout particulièrement avant le Grand oral, des **articles** ou des **informations** à partir des mots-clés de votre thème.

● **Vous marquerez des points** en prouvant ainsi votre intérêt pour la question. À l'inverse, si un membre du jury est informé de l'actualité de votre question mais pas vous, cela fera mauvais effet.

● **Vous pouvez exploiter l'actualité** de votre sujet, dans votre exposé et lors de la discussion. S'il s'agit d'une « grosse actu », n'attendez pas la discussion pour l'évoquer.

● Enfin, vos recherches pourront vous faire **changer d'angle du sujet ou de formulation de la question**. Si cela ne vous arrive pas au dernier moment, ça n'est pas un souci (faites valider votre nouvelle question par le professeur concerné).

Soyez à l'affût

Créez des alertes sur Internet à partir de vos mots-clés afin de recevoir régulièrement des informations ciblées, ou inscrivez-vous à des newsletters de sites que vous jugez pertinents.

2 La recherche et les sources

a Variez les sources

● **Vous disposez de toute l'année de Terminale** : nous vous recommandons d'effectuer de vraies recherches, de varier vos sources et de rechercher à la fois la pertinence et l'originalité.

● **Pour chercher sur Internet, utilisez des mots-clés.** Utilisez d'abord des **mots-clés précis,** directement en rapport avec vos questions (→ Étape 4 p. 30), évitez les termes trop généraux.

● **Testez des mots-clés un peu plus larges** si vous ne trouvez pas assez de résultats pertinents ou si vous voulez trouver des informations un peu différentes.

● **Utilisez aussi des synonymes,** voire des antonymes (contraires / opposés) de vos mots-clés.

● **Utilisez les « opérateurs booléens »** pour vos recherches sur Internet : ET, OU, SAUF (AND, OR, NOT). Ils affineront vos recherches et vous feront gagner du temps.

Nous vous rappelons que vous n'êtes pas seul(e) : avant et pendant vos recherches, n'hésitez pas à solliciter vos enseignants et vos professeurs-documentalistes (par exemple, si une source vous semble incertaine).

b Quels sites sur Internet ?

Vos recherches par mots-clés vous mèneront vers des sites de tous types. À l'inverse, vous pouvez choisir les types de sites, généraux ou spécialisés, sur lesquels vous allez faire vos recherches.

- **Sites institutionnels :** Insee, CNRS, INSERM, BNF, sites des Ministères, etc.
- **Sites de l'Éducation nationale :** réseau Canopé, portails et sites académiques, banques de données, etc. (appuyez-vous sur les ressources de votre CDI).
- **Presse régionale, nationale, voire internationale,** presse d'information générale, revues spécialisées.
- **Sites des radios et chaînes de télévision** (Arte, TV5, chaînes spécialisées) ; les documentaires, films ou séries sont aussi des sources et vous donneront des exemples à citer ; YouTube ou Dailymotion rassemblent de nombreuses vidéos (**vérifiez bien les sources**).
- **Sites associatifs ou spécialisés** (WWF, Hérodote, Tangente, etc.). Interrogez vos enseignants à ce sujet.
- **Évitez les blogs**, les **forums**, les **chats**, les **réseaux sociaux**, ce sont des sources trop incertaines.

c Et pourquoi pas des livres ?

- **Lisez des livres** (essais, biographies, romans, etc.), on y trouve des choses très intéressantes dans toutes les disciplines. Le jury appréciera.
- **Un livre récent en relation avec votre question** vous fera marquer des points à coup sûr.
- **Dictionnaires et encyclopédies** sont très utiles pour vous assurer de la définition d'un terme.

d Évaluez la fiabilité de vos sources

- Si vous avez un doute sur une source, **interrogez vos enseignants ou les professeurs documentalistes**.
- **Demandez-vous par exemple :**
  – qui est le **gestionnaire** du site, quelle est son intention (ou celle de l'auteur d'un article) ?
  – cette information est-elle **fiable** ? S'agit-il d'un **fait**, d'une **hypothèse**, d'une **rumeur** ou d'une **« fake-news »** ?
  – s'il s'agit d'une opinion, quels sont les autres points de vue ?
  – le site semble-t-il à jour ? De quand date cet article ?
- **Croisez vos sources et vérifiez-les.** Votre recherche sera plus riche et vous pourrez vérifier les informations recueillies en les comparant. Sur des sujets sensibles, utilisez ce qu'on appelle les **« décodeurs »**, comme ceux du *Monde*, de l'AFP ou de France 24.

Creusez !

- Regardez au-delà de la première page de résultats de vos recherches. Vous y trouverez des sites originaux et peu exploités !
- Variez les moteurs de recherche : vous n'obtiendrez pas nécessairement les mêmes résultats.

Et Wikipédia ?

- Wikipédia est un site de qualité, souvent complet, alimenté par des internautes. Malgré la surveillance des utilisateurs, on y trouve parfois des mentions trop politisées ou militantes.
- Wikipédia est une source trop « simple » pour être mise en avant durant votre Grand oral, cela ne valorisera pas votre travail.

Utilisez les manuels

- Les manuels scolaires regorgent de documents et de sources.
- Exploitez tous les manuels scolaires de vos spécialités disponibles au CDI. Vous trouverez des idées, des sources spécialisées, des documents, voire l'accès à des ressources numériques ciblées.

e Organisez vos recherches et leurs résultats

Il faudra organiser vos recherches et les résultats de vos collectes afin de ne pas être englouti(e) par une masse d'informations.

- **Préparez un dossier** numérique pour recueillir vos résultats.
- **Vous devrez en définitive n'utiliser que les informations les plus pertinentes** et les plus « efficaces » à l'oral.
- **Créez des signets / favoris** pour retrouver facilement les sites que vous consultez régulièrement.
- **Conservez la trace de vos recherches** pour ne pas retourner sur des sites non pertinents.
- **Conservez précieusement vos sources et références.** Vous pourrez les citer avec précision lors du Grand oral. Si vous copiez-collez sur un traitement de texte un extrait d'un site ou d'un article, notez précisément la référence et ne la séparez jamais du texte.

> • Faites le tri des informations pertinentes, mais ne jetez rien car si l'angle de votre sujet évolue, les informations recueillies pourraient vous être utiles.
> • De même, vous pouvez avoir besoin d'une information qui vous semblait peu pertinente à un moment, mais qui pourrait le devenir pendant votre préparation.

3 Valorisez vos recherches auprès du jury

Vous avez bien travaillé, effectué des recherches pertinentes, lu des articles ou des livres, vu des documentaires, bravo !
Servez-vous en absolument le jour du Grand oral afin de marquer des points !

- **Citez plusieurs sources** pertinentes et originales dans votre exposé et/ou sur le support que vous montrerez au jury, et éventuellement lors de la discussion.
- **Indiquez EN GROS CARACTÈRES sur le support la source** d'un graphique ou d'un schéma le cas échéant.
- **Mais sachez ne pas abuser,** votre exposé doit être personnel et pas un enchaînement de sources extérieures.
- Enfin, nous l'avons vu, évoquer une **actualité récente** vous fera aussi marquer des points.

> **Ne mentez pas…**
> • Ne dites jamais avoir lu un livre ou un article, visionné un film ou un documentaire si ce n'est pas vrai. Si l'un des jurés l'a lu ou vu, ce sera (à juste titre) dévastateur.
> • N'utilisez pas un sujet plagié. Outre le manque d'honnêteté intellectuelle, vous risquez de vous faire piéger par les membres du jury.

Ressources à exploiter
+ Voir des conseils en vidéo.

4 Comment utiliser l'intelligence artificielle (IA) ?

Il est tout à fait possible que vous soyez tenté d'utiliser une intelligence artificielle pour préparer votre Grand oral. Cela est tout à fait permis et peut vous être utile, **à condition que vous n'envisagiez pas de lui demander de créer intégralement votre exposé**.

a Quelles sont les possibilités de l'usage de l'IA pour le Grand oral ?

- Une IA peut tout à fait vous donner **des idées de sujets** à partir d'un thème que vous aurez choisi vous-même et vous permettre de déterminer une problématique. Bien évidemment, le sujet devra être validé par votre enseignant.
- Une IA peut vous fournir **des idées principales, des exemples, des arguments** qui viendront alimenter votre exposé.
- Une IA peut vous **proposer un plan** et vous aider à organiser votre exposé.
- Une IA peut **créer un texte** à partir d'une idée de sujet et de contraintes que vous lui donnerez (nombre de caractères, difficulté…).
- Une IA est utile pour **préparer la discussion** ; à partir du texte que vous aurez créé, vous pouvez lui demander de vous proposer **des questions faciles et difficiles** du niveau du programme de Terminale.
- Vous pouvez lui demander les réponses que vous devrez savoir maîtriser.

Une IA, des IA

Toutes les IA ne répondent pas de la même manière à la même question *(prompt)*. Tester des IA et faire évoluer vos *prompts* vous permettra de travailler votre sujet.

b Quels sont les difficultés, les écueils à éviter concernant l'IA et le Grand oral ?

- S'il peut être tentant pour vous de faire créer le texte par une IA, **il sera très impersonnel**, et peu concret. Les membres du jury s'en apercevront et pourront, à juste titre, **vous sanctionner**.
- Surtout, si vous ne créez pas vous-même votre texte, vous ne le maîtriserez pas et **l'effort de mémorisation sera beaucoup trop long** et sans doute peu efficace.
- Une IA est moins pertinente qu'un moteur de recherche pour vous fournir des sources qui vous permettront de développer votre exposé.
- Il est nécessaire de **vérifier les informations** fournies par l'IA qui peuvent être imprécises et même quelquefois incorrectes.
- Durant la discussion, **vous aurez beaucoup de mal à argumenter** sur un sujet que vous n'aurez pas suffisamment travaillé.

« Avez-vous utilisé l'IA ? »

Si vous avez utilisé une IA pour préparer votre Grand oral et que le jury vous demande si vous l'avez fait, nous vous recommandons de ne pas mentir et d'expliquer comment vous l'avez utilisée pour vos recherches.

LES POINTS-CLÉS de cette étape

- ✓ **Documentez-vous à propos de vos questions.**
- ✓ **Organisez vos recherches et faites le tri.**
- ✓ **Variez et vérifiez vos sources.**
- ✓ **Ne demandez pas à une IA de rédiger votre exposé.**
- ✓ **Valorisez vos recherches le jour du Grand oral.**

→ Consultez des sites Internet

SES

- Le site de l'**INSEE** (Institut national de la statistique et des études économiques) est une mine d'informations et de données sur toutes les questions économiques et sociales. Le site de l'**ENS de Lyon** regorge également d'articles, interviews, analyses, sur tous les sujets de société.
  › **www.insee.fr ; http://ses.ens-lyon.fr**
- Renseignez-vous aussi grâce à des vidéos de vulgarisation économique et sociologique, comme celles du **Dr CAC** ou de **Dessine-moi l'éco**. Des reportages télévisés ou des documentaires concernent peut-être aussi votre sujet.
- Pour tout ce qui concerne les questions financières et monétaires, le site de **La finance pour tous** est une référence très accessible. Vous pouvez aussi aller sur le site de **Citéco**, un musée de la Banque de France, qui regorge de ressources utiles. Les publications de la Banque de France sont parfois un peu complexes, mais elles permettent d'avoir une information de qualité et d'approfondir votre réflexion.
  › **lafinancepourtous.com ; citeco.fr**
- Pour des questions économiques plus variées, le site de l'**OCDE** (Organisation de coopération et de développement économiques) donne accès à des études économiques menées au niveau mondial et fournit une base de données inégalable.
  › **oecd-ilibrary.org**
- Les publications du **CEPII**, un centre de recherche en économie qui dépend du premier ministre, sont très utiles pour se tenir informé(e) des dernières avancées de la recherche et obtenir des chiffres à jour. La BD Economix est également une source ludique très fiable.
  › **cepii.fr**
- Le **Centre de recherches politique de Sciences Po** couvre toutes les dimensions de la vie politique française.
  › **sciencespo.fr/cevipof**
- L'**Observatoire des inégalités** couvre toutes les thématiques liées aux inégalités : revenus, patrimoine, accès à l'emploi, selon le genre, l'âge, l'origine, etc.
  › **inegalites.fr**

Ressources à exploiter

Tous les sites proposés sur cette page sont accessibles directement avec ce QR code.

→ Consultez des sites Internet

HGGSP

- Pour vos recherches, consultez des sites spécialisés dans le domaine **historique** (lhistoire.fr, herodote.net), ou **géographique** (geoconfluences.ens-lyon.fr). Concernant la **géopolitique**, des sites de référence sont ceux de l'Institut de relations internationales et stratégiques (iris-france.org), de Sciences Po (espace-mondial-atlas.sciencespo.fr/fr/) ou de la revue diploweb (diploweb.com). Les émissions de la série *Le Dessous des cartes* permettent de comprendre les enjeux du monde contemporain et sont accessibles sur le site d'Arte (arte.tv/fr/videos/RC-014036/le-dessous-des-cartes).
- **Les sites institutionnels** sont à privilégier. Pour les thèmes consacrés à la France, l'INSEE (insee.fr) fournit des statistiques fiables. Les sites de l'Union européenne (europa.eu/european-union/index_fr), de l'ONU (un.org/fr/) et de ses différentes institutions, comme l'UNESCO (en.unesco.org), consacrent de nombreux dossiers à la guerre, la paix, le patrimoine, la justice ou l'environnement.
- Les **musées** ont leur propre site Internet (museedeversailles.fr, memorialdelashoah.org, histoire.immigration.fr). Il est possible de faire des **visites virtuelles** d'expositions ou de monuments et de découvrir des œuvres d'art.
- L'**INA** (Institut national de l'audiovisuel) regroupe un très grand nombre d'archives audiovisuelles et radiographiques (ina.fr).
- Le site du **Cairn** (cairn.info) donne l'accès en ligne à de nombreux **ouvrages et revues en sciences humaines et sociales**.

MATHS

- Le site **jaicompris.com** a été créé par deux professeurs de mathématiques. Il vous permettra de vous assurer que les notions évoquées lors du Grand oral sont bien comprises.
- Le site **Echosciences** est piloté par Fermat Science en collaboration avec *Les Maths en Scène*, l'Université Paul Sabatier de Toulouse et l'Université de Montpellier. Vous y trouverez des articles sur les mathématiques et sur beaucoup d'autres sujets : musique, histoire, etc.
  › **echosciences-sud.fr**

Ressources à exploiter

Tous les sites proposés sur cette page sont accessibles directement avec ce QR code.

À vous de jouer !

Ressources à exploiter

+ Téléchargez et imprimez cette page pour vous entraîner !

1 À partir d'une question qui vous intéresse

Indiquez les premières sources qui vous viennent à l'esprit :

– HORS Internet : ....

....

– SUR Internet : ....

....

Listez les mots-clés que vous allez tester et utiliser pour vos recherches.

....

....

Avez-vous vérifié que vous connaissez le sens de ces mots-clés et que vous savez les expliquer ? ☐ OUI ☐ NON

Notez les sites originaux et utiles que vous avez trouvés hors de la première page des résultats de recherche.

....

....

....

Quels sites apparaissent dans vos favoris ? Quelles alertes avez-vous créées sur Internet ? À quelles newsletters êtes-vous inscrit(es) ?

....

....

....

Si la question prête à débat ou discussion, quelles sources divergentes et fiables allez-vous utiliser ?

....

....

Comment prévoyez-vous de suivre l'éventuelle actualité de votre question ?

2 Citez les sources consultées et que vous exploiterez

Vidéos ou documentaires :

Films ou séries :

Articles de presse :

Livres :

Avez-vous trouvé des exemples marquants ? Une citation exploitable ?

Quelle(s) personne(s) pourriez-vous interroger ?

Notez les sites spécialisés présentés dans ce livre et précisez ce que vous y avez trouvé intéressant et utile.

ÉTAPE 4

Organisez le contenu de l'exposé et anticipez l'oral

Vous avez choisi votre sujet, et vous avez effectué vos recherches. Il est temps de passer à la mise en ordre et au contenu de votre exposé, de son introduction à sa conclusion, en anticipant la discussion avec le jury (→ Étapes 5 et 6).

Des notes sont autorisées

▶ Vous êtes autorisé(e) à conserver durant l'exposé des notes que vous aurez rédigées pendant le temps de préparation (par exemple votre plan). Mais cela ne doit pas nuire à la qualité de votre interaction avec le jury.

Que dit le texte officiel ?

« Pendant 10 minutes le candidat présente la question choisie et y répond. Le jury évalue son argumentation et ses qualités de présentation. L'exposé se déroule sans note [...]. Le jury va porter son attention sur la solidité des connaissances, la capacité à argumenter et à relier les savoirs [...] et la manière d'exprimer une réflexion personnelle, ainsi qu'aux motivations du candidat. »

1 Adaptez-vous

- **Certains conseils que nous vous donnons sont fondamentaux, d'autres dépendront du sujet choisi.** Par exemple, il ne sera pas toujours possible d'émettre une opinion ou de faire référence à l'actualité mais il est impératif d'expliquer votre intérêt pour le sujet choisi, de donner des exemples pour illustrer l'exposé, d'annoncer la conclusion, de vous appuyer sur des notions connues, de remettre un support au jury, de dire « je », etc.
- **Soyez pédagogue.** Un des deux membres du jury ne sera PAS un professeur de la spécialité que vous allez traiter. Évitez d'utiliser des termes trop compliqués ou expliquez-les. Montrez que vous avez bien préparé votre exposé, mais évitez de submerger le jury par trop de données, dates ou chiffres.

2 Organisez votre exposé

a Commencez par bâtir votre plan

- **Vous êtes libre du choix de votre plan** qui dépendra totalement de la question que vous vous posez ; aucun plan n'est imposé, l'exposé oral n'est pas une dissertation.

Voici quelques exemples de plans, qui peuvent éventuellement être combinés :
- thèse / antithèse / synthèse ;
- avantages / inconvénients ;
- plan chronologique ;
- plan historique (hier / aujourd'hui / demain) ;
- constat / solutions ;
- problèmes / causes / conséquences / solutions ;
- en France / ailleurs ;
- du général au particulier ou du particulier au général ;
- les faits / les arguments adverses et leur réfutation / les arguments en faveur de votre thèse.

• **Vous devez prévoir des parties** (voire des sous-parties) qui s'enchaînent logiquement et que vous énoncerez clairement (entourées de courtes pauses à l'oral).

• **Appuyez-vous sur des notions principales ou des mots-clés**, qui doivent structurer chaque paragraphe de votre exposé dont ils seront l'ossature.

• **Soignez l'enchaînement de vos idées** et utilisez les **connecteurs logiques** (*parce que, en conséquence, de même que, tout d'abord, à l'inverse, etc.*).

Maîtrisez vos mots-clés

C'est à partir des **mots-clés** que vous allez **organiser** votre plan, **orienter** vos recherches et **enrichir** votre exposé. Ce sont les mots sur lesquels vous insisterez à l'oral. Leur enchaînement logique vous aidera à mémoriser votre exposé. **Leur définition doit être parfaitement maîtrisée.**

b Votre introduction

• **Elle contient l'explication du choix de la question** et de l'intérêt que vous lui portez. L'introduction doit durer moins de deux minutes.

• La durée de 10 minutes pour l'ensemble de l'exposé vous permet **d'annoncer au moins les grandes parties de votre plan**.

• **Essayez d'éveiller l'attention du jury** par une accroche. Suscitez la curiosité, donnez un exemple, un fait, une actualité, une image, une citation, un lien personnel avec le sujet, etc.

c Illustrez par des exemples

• **Vous conserverez l'attention du jury** en accompagnant vos idées ou arguments par un exemple concret, éventuellement une anecdote personnelle, etc. Cela rendra votre exposé plus attractif, plus concret, plus compréhensible, plus personnel et donc plus efficace.

Montrez que vous avez travaillé

• Expliquez durant l'exposé comment vous avez cherché ou vous êtes informé(e).
• N'hésitez pas à citer vos sources (livres, articles, rencontres, films, documentaires, conférences, etc.).

d Argumentez

• **L'un des objectifs du Grand oral est de montrer votre « force de conviction ».** Les arguments sont le plus souvent illustrés par des exemples. Il existe plusieurs sortes d'arguments que nous vous conseillons d'utiliser au sein de votre exposé (et de la discussion).

- Certains arguments sont difficilement contestables, d'autres peuvent être contredits :
– les arguments **de droit**, qui font référence à la loi ;
– les arguments **de fait**, qui évoquent une réalité connue de tous, un fait, un événement, une étude, le résultat d'une expérience ou d'une observation, etc. ;
– les arguments **scientifiques** qui font consensus et qui sont décrits par des lois ou par des théorèmes ;
– les arguments **logiques** qui font appel à la raison ;
– les arguments **de valeur** qui invoquent les grands principes ou les fondements de notre société (morale, liberté, valeurs républicaines, etc.) ;
– les arguments **d'autorité** qui s'appuient sur une personne reconnue ou une « Institution » (« *Descartes pense que…* », « *Sur le site de l'INSEE…* », etc.) ;
– les arguments **tirés de votre expérience personnelle** ou de celle d'autrui.

> • Votre exposé doit pouvoir être résumé en une suite de mots-clés, de notions, d'exemples, d'arguments, de connecteurs. Vérifiez bien que les mots-clés et les notions vous sont connus. Il est probable que le jury vous demande des explications ou des définitions.
> • Rappelez, réutilisez les termes de la question. Cela vous permet de maintenir l'attention du jury, de garder votre cap, de montrer que vous savez où vous allez.

e Faites référence au support durant votre exposé

- Le support ne peut pas être déconnecté de l'exposé et inversement, la réflexion sur le contenu de l'exposé doit inclure le support : « *Vous trouverez le schéma de l'expérience sur le support* », « *Je vous propose de regarder le graphique numéro 2 que j'ai dessiné* ».
- Pensez à **laisser le temps au jury** d'étudier votre support quand vous le montrez.

f Votre conclusion

- **Votre conclusion doit être forte et personnelle.**
- **Si vous avez posé une question qui attend une réponse** (« *est-il possible de ?* ») : répondez à nouveau durant la conclusion. **Vous pouvez reprendre les termes de la question** pour synthétiser la réponse que vous avez apportée.
- **Suggérez des idées, des pistes,** proposez une ouverture, posez une autre question, faites le lien avec un autre point du programme d'une de vos deux spécialités.
- **Indiquez ce que vous avez appris** et ce que vos recherches vous ont apporté.
- **Vous pouvez donner votre opinion.** Si vous avez choisi une question de type « *Pour ou contre* », « *Est-il réaliste de* », « *Peut-on démontrer* », donner votre opinion est impératif. Dans le cadre de ce type de question, vous ne prenez aucun risque à le faire, ce n'est pas votre avis qui sera évalué, mais il faudra la justifier par des arguments, des exemples et des connaissances. Le jury vous contredira probablement, mais uniquement dans le but de vous tester.
Bien entendu, votre opinion ne doit être ni choquante, ni illicite, ni extrême.

> **Annoncez clairement votre conclusion**
> • Attirez l'attention des membres du jury et signalez-leur que vous avez quasiment terminé (et qu'ils vont bientôt devoir prendre la parole).
> • Dites, par exemple : « *Pour terminer…* », « *Pour conclure…* », « *Enfin…* », « *En conclusion* ».
> • Faites une pause avant et après l'annonce de la conclusion.

• **Suivez l'actualité, faites-y référence.** Le jury appréciera toujours les liens que vous ferez avec l'actualité pendant votre réponse ou la discussion. Demandez-vous quel lien vous pouvez faire entre les questions que vous avez choisies et l'actualité, tout particulièrement les semaines ou jours précédant le Grand oral.

g Tendez des perches

• **Votre choix d'orientation peut apparaître dans votre exposé.**
En l'évoquant si possible à la fin de votre exposé, vous tendrez une perche au jury pour la discussion.

• **Déclenchez les questions du jury** durant votre exposé. → Étape 6 p. 45
Durant l'exposé, et particulièrement lors de sa conclusion, ou sur le support, vous pouvez pousser le jury à vous poser des questions ou à aborder des thèmes que vous aurez préparés. C'est un « grand classique », et les jurés joueront certainement le jeu.

3 Préparez votre prise de parole en même temps que votre exposé

a Rédiger et apprendre par cœur ?

• **Chacun doit utiliser la méthode qui lui correspond le mieux,** il est difficile de répondre à cette question. Apprendre l'intégralité de votre exposé par cœur vous demandera beaucoup d'efforts et vous risquez de manquer de naturel le jour du Grand oral.

• Dans ce livre, nous vous présentons des résumés d'exposés rédigés à des fins pédagogiques, **ce sont des exemples, surtout pas des modèles**.

• **Cette épreuve étant inédite pour vous,** ce sont l'entraînement et la répétition qui seront vos meilleurs conseillers.

• **Rédigez au moins un plan très détaillé.** Quelle que soit sa forme (plan simple, carte mentale, schéma, etc.), ce document est impératif, il comporte :
– l'introduction rédigée ;
– vos mots-clés et notions principales, vos parties, vos exemples, vos arguments, vos sources, les renvois vers le support et les connecteurs logiques ;
– la conclusion rédigée.

Ce plan détaillé pourra être la base des notes que vous pourrez consulter durant le Grand oral.

b Introduction et conclusion

• **Rédigez l'introduction et la conclusion** et maîtrisez-les parfaitement.

• **L'introduction est la première impression** que vous allez faire au jury ; démarrer en hésitant un exposé préparé d'avance ferait mauvais effet. De plus, si vous démarrez mal, cela **risque de vous désorienter** pour la suite de l'exposé.

• **La conclusion est le point final de l'exposé,** c'est un temps fort qui vous permet de terminer en beauté !

C Anticipez votre prise de parole

- **Surlignez d'une certaine couleur** les mots-clés, les points forts sur lesquels vous allez insister oralement (voire par des gestes, sans trop exagérer) → Partie 2 p. 60.
- **Surlignez d'une autre couleur** les éléments de type connecteurs, l'annonce d'un exemple ou d'un argument, sur lesquels vous parlez un petit peu différemment ou prévoirez des pauses.
- **Quel ton utiliser ?**

– Engagez-vous : dites « *je* ».
– Parlez aux jurés : dites « *vous* ».
– L'exposé n'est pas un monologue, vous ne parlez pas à un mur, ni à un grand groupe lointain : « *C'est la raison pour laquelle je me suis intéressé(e) à* » ; « *J'ai effectué des recherches* » ; « *Je vais répondre maintenant à la question que vous avez choisie* » ; « *Je vous vais vous donner un exemple* » ; « *Saviez-vous que... ?* ».

- Prévoyez des **pauses** , 10 minutes c'est long !
- **Respectez la consigne des 10 minutes.** Prévoyez pour cela quelques repères intermédiaires dans votre exposé. Vous pourrez regarder votre montre une ou deux fois durant l'exposé. Vérifiez la durée de votre exposé en vous enregistrant et en vous entraînant. Trop court ? Recherchez de nouvelles idées. Trop long ? Supprimez !
- **Ne jetez rien !** Pendant la préparation, conservez pour la discussion avec le jury toutes vos idées, exemples, arguments (favorables ou défavorables) et informations qui vous ont intéressé(e) que vous n'utilisez pas dans votre exposé.

Pauses

- Des pauses vous permettent de reprendre votre respiration, de marquer le début ou la fin d'une sous-partie et d'attirer l'attention sur ce que vous allez dire ensuite.
- Vos pauses devraient représenter plus de 90 secondes du temps total de votre exposé !

- Il existe sur Internet des estimateurs de durée d'un discours à partir du nombre de mots ou de caractères. La transcription de l'exposé oral de 10 minutes correspond à environ 1 400 mots, ou environ 8 000 caractères.
- Cela vous donnera une indication utile, même si la durée varie selon votre débit et vos pauses, et qu'il n'est pas obligatoire de rédiger mot à mot votre exposé.

LES POINTS-CLÉS de cette étape

- ✓ Votre exposé doit montrer que vous avez travaillé.
- ✓ Pendant votre préparation de l'exposé, pensez à sa présentation orale.
- ✓ Vous êtes libre du choix de votre plan qui doit s'appuyer sur des mots-clés que vous saurez expliquer, des exemples, des connecteurs entre chaque partie.
- ✓ Prévoyez vos pauses, voire vos gestes des mains quand vous rédigez votre exposé.
- ✓ Préparez une introduction rapide et accrocheuse. Annoncez votre conclusion.
- ✓ Tendez des perches au jury pour la discussion qui va suivre.
- ✓ Engagez-vous, dites « *je* » et adressez-vous directement au jury.

→ Détaillez un plan et indiquez les notions incontournables

SES

- Voici un exemple de **plan détaillé** permettant de répondre à la question « *Les cryptomonnaies sont-elles de vraies monnaies ?* ». Ce plan est développé p. 90.
  - **Introduction** présentant rapidement les cryptomonnaies.
  - **Première partie** définissant les cryptomonnaies, expliquant leur **fonctionnement** et les **critiques** essentielles qui leur sont faites.
  - **Deuxième partie** testant la correspondance entre les cryptomonnaies et les trois fonctions de la monnaie.
  - **Troisième partie** intégrant les **monnaies digitales de banque centrale.**
  - **Conclusion** distinguant les cryptomonnaies privées et les monnaies digitales de banque centrale.
- **Notions incontournables** à développer lors de l'exposé oral :
  - la **monnaie**, en particulier à travers ses trois fonctions ;
  - la monnaie ayant cours **légal** ;
  - la **banque centrale**, en particulier ses objectifs de stabilisation de l'économie et du système financier.

HGGSP

- Voici un exemple de **plan détaillé** permettant de répondre à la question « *Comment préserver le patrimoine culturel des pays en guerre ?* ». Ce plan est développé p. 104.
  - **Introduction** expliquant que le patrimoine culturel est devenu un enjeu lors des conflits et qu'il subit de nombreuses destructions.
  - **Première partie** sur les dommages provoqués par la guerre.
  - **Deuxième partie** étudiant les initiatives qui tentent de protéger le patrimoine culturel des pays en guerre.
  - **Troisième partie** montrant les effets contrastés des mesures prises.
  - **Conclusion** évoquant les débats sur ces thèmes.
- **Notions incontournables** à développer lors de l'exposé oral :
  - le **« patrimoine »** et le **« patrimoine mondial de l'UNESCO »** ; sachez également définir les différents types de patrimoine (culturel, naturel, matériel, immatériel) ;
  - la « **patrimonialisation** », à distinguer de la notion de « patrimoine » ;
  - les **enjeux** et **acteurs** des différents conflits.

→ Analysez un exposé oral

SES

Analyse de l'exposé oral répondant à la question « *Les crypto-monnaies sont-elles de vraies monnaies ?* », développé p. 90.

« Depuis sa création en 2009, le bitcoin suscite de nombreuses critiques. Plus récemment, plusieurs banques centrales et gouvernements ont empêché Facebook de lancer sa cryptomonnaie, la Libra. J'ai également appris que le G7 et le G20 ont mis en place des groupes de travail pour mettre au point des règles communes relatives aux cryptomonnaies. Comme je m'intéresse à la fois aux questions monétaires et à l'informatique, je me suis demandé ce qui justifiait ces critiques. [...]

Exemple d'argument lié à un fait permettant de montrer l'actualité et l'intérêt du sujet.

Selon les gouvernements et les banques centrales, ces cryptomonnaies présentent de nombreux dangers. D'une part, elles sont souvent accusées de ne pas suffisamment sécuriser les paiements, mais surtout d'avoir un cours très volatil, ce que j'ai illustré sur le support. D'autre part, les transactions en cryptomonnaies, puisqu'elles sont anonymes, échappent à l'impôt et sont très utilisées par l'économie criminelle. Enfin elles n'offrent aucune garantie de convertibilité avec une monnaie ayant cours légal.

Exemples de **connecteurs** permettant de structurer l'argumentation.

MATHS

Analyse de l'exposé oral permettant de répondre à la question « *Comment calculer ses chances de gagner dans un jeu de hasard ?* », développé p. 117 (partie de l'exposé oral présentant le dénombrement des grilles de jeu différentes pouvant être remplies).

« Le remplissage d'un carton du jeu n° 1, coché avec les 6 numéros revient donc à prendre un élément du produit cartésien A × B.

Or, d'après une propriété du cours, appelée principe multiplicatif, le nombre d'éléments du produit cartésien A × B est égal au produit du nombre d'éléments dans A et du nombre d'éléments dans B.

J'en déduis que le nombre de choix possibles, c'est-à-dire le nombre de grilles de jeu différentes, est 1 906 884 × 10, c'est-à-dire 19 068 840. »

Exemples de **notions mathématiques** du programme de Terminale.

Exemple d'**argument mathématique**.

Insistez à l'oral sur les **connecteurs** afin que le jury suive bien la **logique** de votre exposé oral.

À vous de jouer !

Ressources à exploiter

Téléchargez et imprimez cette page pour vous entraîner !

1 Organisez votre exposé

À partir d'une question, établissez les types de plans qui vous semblent les plus appropriés.

....

....

....

....

Résumez dans un tableau le plan détaillé qui vous convient le mieux.

	Résumé	Principaux mots-clés, notions incontournables	Principaux exemples et arguments
Introduction			
Première partie			
Deuxième partie			
Éventuelle troisième partie			
Conclusion			

Indiquez les connecteurs et les enchaînements entre les parties.

....

....

....

....

Quels sont les types de supports qui vous semblent envisageables ?

....

....

....

2 Préparez votre prise de parole

Rédigez votre introduction, ou au minimum, listez ce que vous prévoyez d'annoncer en introduction.

....

....

....

....

....

Rédigez votre conclusion, ou au minimum, précisez comment vous prévoyez de conclure.

....

....

....

....

....

3 Anticipez la discussion avec le jury

Y a-t-il un lien entre votre sujet et votre orientation ?

....

....

Le cas échéant, quelle est votre opinion sur la question posée ?

....

....

Le cas échéant, quel est le lien avec l'actualité ?

....

....

Rappels

- Entraînez-vous à énoncer votre introduction et votre conclusion de mémoire.
- Rédigez intégralement votre exposé, au moins *via* un plan très détaillé et complet, et assurez-vous de sa durée en vous entraînant.

Préparez un support et des notes

Nous vous recommandons de remettre un support au jury.

Que dit le texte officiel ?

« Le candidat a 20 minutes de préparation pour mettre en ordre ses idées et préparer s'il le souhaite un support sur du papier. Ce support est une aide pour la parole du candidat ; il n'a pas vocation à être donné à lire au jury [...] Durant l'échange, le candidat peut s'appuyer sur son support. »

Que sont les notes pour le Grand oral ?

Il s'agit du plan détaillé de l'exposé, des mots-clefs ou d'idées directrices. Elles peuvent comporter les principales sources, les exemples, les faits d'actualité... tout ce que vous ne voulez pas oublier de dire. Elles vous rassureront si besoin.

Deux types de documents sont possibles : des notes, par exemple votre plan, que vous pourrez consulter de temps en temps durant votre exposé de 10 minutes, ET un support à montrer au jury.

Votre support prouvera la qualité de votre préparation. Même s'il n'est **pas « officiellement » évalué**, il sera **apprécié par le jury**.

Il aidera les membres du jury à suivre votre exposé.

Vous pouvez aussi utiliser le support durant la discussion.

Vous êtes libre de ne PAS présenter de support au jury.

Une note très utile

- Votre exposé dure 10 minutes. Même si vous devez vous entraîner à le mémoriser ou à le maîtriser, les notes notamment avec le plan et les principaux éléments de l'exposé vous seront très utiles.
- Elles doivent aussi être préparées et anticipées nous vous recommandons de les rédiger dès le début du temps de préparation.

1 Vous êtes libre du contenu de votre support

- Il peut présenter les grandes lignes.
- Il peut aussi **pointer une partie spécifique** de l'exposé.
- **Il peut comporter des schémas :** une carte, la description d'une expérience, des courbes, un graphique, etc. Des schémas vous éviteront des descriptions fastidieuses.
- **Toutes les formes sont possibles** sur un support : plan rédigé, carte mentale, tableaux, schémas, etc.
- Le support vous permet de citer **vos sources** (en gros caractères).
- Vous pouvez prévoir plusieurs feuilles par exemple avec chacune un schéma ou des textes en gros caractères et bien visibles.

Concision et visibilité

Officiellement, vous devez « montrer » et ne pas « remettre » le support au jury. Même si cette consigne n'est pas toujours respectée, inutile de trop rédiger. Votre support doit être visuel !

2 Entraînez-vous à reproduire votre support et vos notes

- Vous devez **préparer** votre support à l'avance et **savoir le reproduire de mémoire** durant le temps de préparation.
- **Il doit être reproductible en 10 minutes environ,** afin de vous laisser le temps de « répéter » votre exposé avant sa présentation et de vous détendre. Vous pouvez prévoir de montrer plusieurs feuilles, écrites en gros caractères ou avec un schéma simplifié par feuille.
- **Anticipez** également la préparation de vos notes.
- **Testez votre support auprès de vos enseignants** ou de vos camarades et vérifiez qu'il est lisible, à plus d'un mètre.
- **Vous devez vous y entraîner**, tout comme vous vous entraînerez à l'exposé oral.

Prévoyez le bon matériel

Le jour du Grand oral, assurez-vous d'amener le matériel nécessaire pour reconstituer exactement le support que vous avez préparé à l'avance : stylos de couleur, fluos, crayons, règle, compas, etc.

3 Faites référence au support durant votre exposé

- **Dites par exemple** : « *Voici la frise chronologique* », « *Je vous propose de regarder le graphique numéro 2* » , « *Voici les principales sources que j'ai utilisées pour mon exposé* ». Et vous listez en gros caractères des journaux, des sites....
- **Vous pouvez même tenter un geste de la main** vers le support quand vous y faites référence.
- Laissez le temps au jury de regarder le support et **ne reprenez pas immédiatement la parole,** assurez-vous que le jury a bien repéré ce que vous lui signalez.

Fautes interdites !

- Évitez les fautes d'orthographe, elles feront mauvais effet, tout particulièrement sur les termes de votre spécialité.
- N'utilisez pas de mots dont vous n'êtes pas certain du sens et relisez-vous.

LES POINTS-CLÉS de cette étape

- ✔ Montrez un support au jury, même si cela n'est pas obligatoire.
- ✔ Votre support doit être préparé aussi précisément que votre exposé.
- ✔ Le support peut présenter les grandes lignes du plan ou « zoomer » sur une ou plusieurs parties de l'exposé.
- ✔ Vous devez être capable de reproduire votre support de mémoire.
- ✔ Préparez également les notes que vous pouvez consulter durant le Grand oral.

→ Préparez le support que vous montrerez au jury

SES

Exemples de supports pouvant vous aider à répondre à l'oral à la question « *Les cryptomonnaies sont-elles de vraies monnaies ?* ».

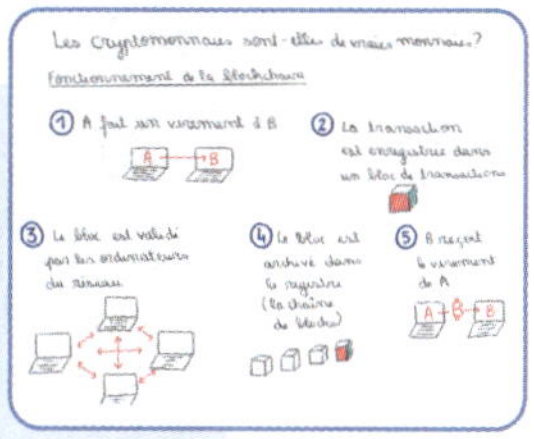

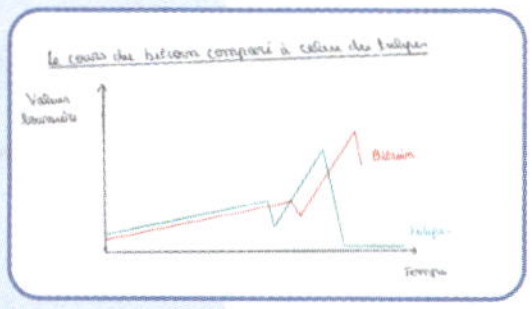

- **Analyse d'un premier support** (ci-contre), présenté en détail p. 89.
  Pour être lisible facilement par le jury, ce support doit être réalisé sur plusieurs feuilles. Une première feuille présente le fonctionnement de la blockchain. Une deuxième feuille permet de comparer le cours du bitcoin avec le cours des tulipes.
- **Analyse d'un deuxième support,** présenté en détail p. 42.
  Ce support, plus rapide à réaliser que le premier, peut être rédigé sur une seule feuille. Il vous laisse davantage de temps pour préparer votre exposé oral.

MATHS

Exemples de supports pouvant vous aider à répondre à l'oral à la question « *Comment calculer ses chances de gagner dans un jeu de hasard ?* ».

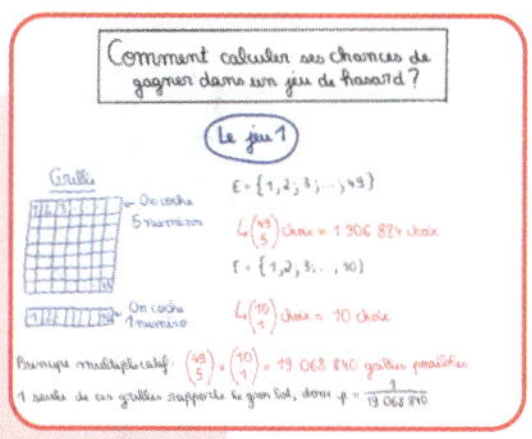

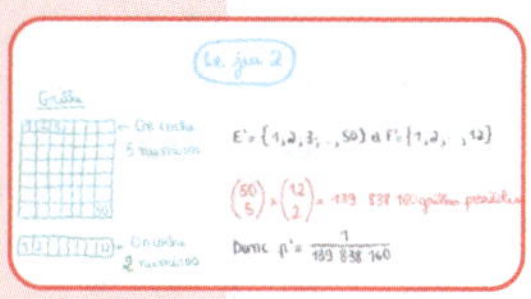

- **Analyse d'un premier support** (ci-contre), présenté en détail p. 116. Ce premier support, rédigé sur plusieurs feuilles, est **assez exhaustif**, c'est-à-dire qu'**il indique l'ensemble des points exposés à l'oral**, à savoir :
  - la **schématisation** des deux grilles de jeux ;
  - les **ensembles d'entiers E et F considérés, les combinaisons correspondantes et leur dénombrement** ;
  - l'application du **principe multiplicatif** et les **conclusions** sur les probabilités.

Cependant, il ne permet ni de détailler le calcul des combinaisons, ni d'expliciter les ensembles utilisés pour le produit cartésien et le principe multiplicatif.

- **Analyse d'un deuxième support**, présenté en détail p. 43.

Ce deuxième support présente **une seule grille** de jeu afin de pouvoir l'**analyser plus finement**.

SES

Deuxième exemple de support pouvant vous aider à répondre à l'oral à la question « *Les cryptomonaies sont-elles de vraies monnaies ?* ».

Un bon dessin vaut mieux qu'un long discours

Ce tableau permet de synthétiser la réponse et montre clairement que les cryptomonnaies privées ne remplissent pas les trois fonctions de la monnaie, contrairement, en partie, aux monnaies digitales de banque centrale.
En revanche, son caractère synthétique ne lui permet pas d'entrer dans les détails de l'explication, ce qu'il faudra faire à l'oral.

Les cryptomonnaies sont-elles de vraies monnaies ?

	Intermédiaire des échanges	Unité de compte	Réserve de valeur
Cryptomonnaies privées	imparfait	non	très risquée
Monnaies digitales de banque centrale	oui	oui	oui

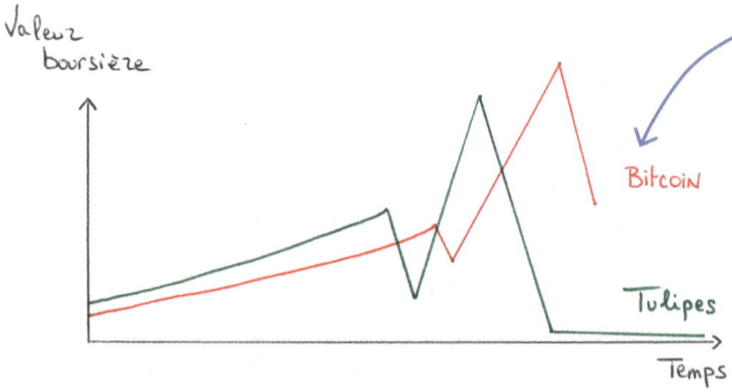

Cours du bitcoin et cours des tulipes

Gagnez du temps !

- Représentez uniquement l'allure des courbes.

Astuce

- Tendez des « perches » au jury pour qu'il vous pose ensuite des questions.
- Il faut bien sûr vous renseigner sur la crise des tulipes pour pouvoir y répondre !

MATHS

Deuxième exemple de support pouvant vous aider à répondre à l'oral à la question « *Comment calculer ses chances de gagner dans un jeu de hasard ?* ».

DÉNOMBREMENT

GRILLE DU JEU 1 : complétée par des croix rouges

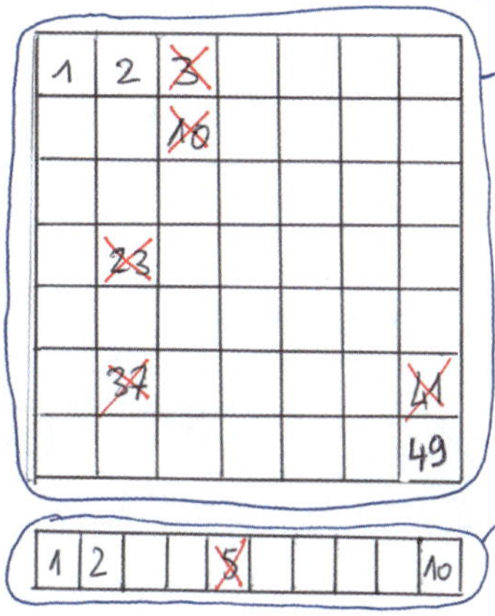

E : ensemble des entiers naturels de 1 à 49

exemple de combinaison à 5 éléments de E : {3 ; 10 ; 23 ; 37 ; 41}

F : ensemble des entiers naturels de 1 à 10

exemple de combinaison à 1 élément de F : {5}

> **Visualiser**
> Schématiser la grille de jeu, comme si un joueur l'avait remplie, permettra au jury de visualiser la situation.

PRINCIPE MULTIPLICATIF

A : ensemble formé par toutes les combinaisons à 5 éléments de E

exemple : {3 ; 10 ; 23 ; 37 ; 41} ∈ A   A contient $\binom{49}{5}$ éléments

B : ensemble formé par toutes les combinaisons à 1 élément de F

exemple : {5} ∈ B   B contient $\binom{10}{1}$ éléments

Produit cartésien A × B

exemple : ({3 ; 10 ; 23 ; 37 ; 41} ; {5}) ∈ A × B

D'après le principe multiplicatif :

A × B contient $\binom{49}{5} \times \binom{10}{1}$ éléments

c'est-à-dire 19 068 840 éléments

> **Clarifier**
> Même si ce développement ne sera pas forcément lisible de loin, vous pouvez le commenter pour le mettre en valeur.

> **Vocabulaire**
> Écrivez en gros caractères ce que vous souhaitez que les membres du jury voient principalement quand vous montrerez le support.

À vous de jouer !

Ressources à exploiter

Téléchargez et imprimez cette page pour vous entraîner !

À partir d'une question choisie...

... présentez votre plan détaillé (avec ses exemples, arguments, etc.) sous différentes formes :

- texte ;
- carte mentale ou schéma.

Quels sont les principaux mots-clés que vous allez montrer au jury ?

....

....

....

....

Dessinez ou rédigez un support qui présenterait une partie de votre exposé.

- Entraînez-vous à dessiner un schéma ou un croquis qui vous semble nécessaire.
- Quelles sources allez-vous citer ?

....

....

....

Faites la liste du matériel nécessaire à la réalisation de votre support (feutres, règle, etc.).

....

....

....

....

....

Préparez la discussion avec le jury

Après l'énoncé de votre exposé, restez bien concentré(e) car le Grand oral continue !
S'il vous a paru évident de préparer votre exposé et son support, sachez que préparer la discussion avec le jury est possible et recommandé ! Cet échange ne sera pas entièrement improvisé, loin de là ! Vous pouvez vous y préparer, anticiper les questions du jury et même pousser le jury à vous poser des questions dont vous aurez préparé les réponses. Le jury n'est pas là pour vous mettre en difficulté, mais au contraire pour vous mettre en valeur et vous permettre de montrer votre travail et vos capacités.

Que dit le texte officiel ?

[...] « Ensuite, pendant 10 minutes, le jury échange avec le candidat et évalue la solidité de ses connaissances et ses compétences argumentatives. Ce temps d'échange permet à l'élève de mettre en valeur ses connaissances, liées au programme des spécialités suivies en classe de Première et Terminale. »
Vous pourrez écrire au tableau pour illustrer ou expliciter votre propos **si vous le souhaitez**. En revanche, le jury ne pourra pas vous demander d'écrire au tableau.

Soyez à l'aise

Après votre exposé nous vous recommandons de vous asseoir, comme vous êtes autorisé(e) à le faire. Vous serez plus à l'aise et plus concentré(e) assis(e) que debout, et ce sera moins fatigant. À vous de décider.

1 Anticipez les questions du jury

a Questions déclenchées par votre exposé oral

- **Prévoyez de donner les définitions / explications de tous les termes que vous utilisez,** notamment ceux propres à chacune de vos deux spécialités.

Si vous ne savez pas définir ou expliquer les termes que vous utilisez, attendez-vous à une mauvaise note.
Un des membres du jury ne sera pas un(e) enseignant(e) de la matière traitée, il vous posera des questions pour mieux comprendre votre exposé.

- **Le jury peut, entre autres :**

– relever une erreur, éventuellement demander de combler un manque ;
– lever une ambiguïté ou une imprécision : il s'agit là de préciser, de clarifier un point sur lequel peut-être vous avez été confus(e), pas suffisamment clair(e) ;
– vous demander d'en dire plus sur votre motivation à traiter cette question ;
– vous demander de compléter, développer un point de votre exposé ;

– vous demander un autre exemple, une autre possibilité, un autre point de vue ;
– vous demander s'il existe une autre manière de… ;
– vous demander un nouvel argument ou contre-argument ;
– énoncer un contre-argument et vous demander d'y répondre : si votre question s'y prête, il vous faudra lister par avance les arguments et les contre-arguments car le jury va évaluer votre « force de conviction » ; si le jury vous contredit, c'est uniquement pour vous tester, son opinion n'influencera pas votre note ;
– vous demander de préciser ou citer une source et d'expliciter comment vous avez mené vos recherches ;
– vous interroger sur l'actualité du sujet.

Rappels

- Nous vous avons conseillé de ne rien jeter durant vos recherches !
- La discussion avec le jury est le bon moment pour exploiter toutes vos connaissances.

Prévoyez de répondre à la question suivante : Avez-vous utilisé une IA pour préparer votre Grand oral ?

b Questions relatives aux programmes de vos deux spécialités

- Révisez soigneusement l'intégralité des programmes de Première et de Terminale.
- Réfléchissez à un **lien entre votre question et le programme** de la (des) spécialité(s) (relisez notamment la partie du programme qui concerne le sujet que vous avez choisi).
- Réfléchissez à un lien possible entre la question traitée et votre autre spécialité. Plus généralement, **réfléchissez aux liens entre vos deux spécialités**.
- Le jury peut aussi vous demander **quelle partie du programme vous a le moins intéressé(e).** Répondez avec franchise, il y a certainement une partie du programme qui ne vous a pas plu.

c Comment vous y préparer ?

- **« Scannez » votre exposé :** passez en revue tous ses mots, tous ses aspects et réfléchissez à toutes les questions possibles.
- **Ne travaillez pas seul(e),** faites-vous aider par vos enseignants et par vos camarades.
- Vous pouvez **demander à une IA de vous proposer des questions** autour de votre exposé.
- **Retenez tout particulièrement les questions qui reviennent régulièrement** lors de vos entraînements. Notez soigneusement tous les contre-arguments, objections ou thèmes connexes qui apparaissent.
- **Jouez le rôle d'interrogateur pour vos camarades,** vous verrez comment un exposé peut provoquer des questions.
- **Lors de vos entraînements en public,** demandez qu'on vous pose un maximum de questions sur l'ensemble des programmes de Première et de Terminale, cela vous aidera à réviser.

N'ayez pas peur de vos opinions !

Selon le sujet choisi, le jury pourra vous demander de donner votre opinion. Vous ne serez pas évalué(e) sur votre position, mais sur votre capacité à argumenter, à exprimer un point de vue personnel et equilibré.

d Et si vous ne savez pas répondre ?

- **Toutes les questions ne peuvent pas être prévues d'avance,** rappelez-vous que le jury ne cherche pas à vous « piéger » et une discussion réussie sera plutôt un « dialogue à trois ». Donc pas de panique si vous ne connaissez pas la réponse à une question, qu'elle soit relative à l'exposé oral ou aux programmes de spécialité !
- **Ne restez pas muet(te)** ; si vous ne savez vraiment pas : dites-le au jury.
- **Essayez de faire le lien avec ce que vous savez,** demandez des indications au jury, voire la réponse qui vous permettra certainement de rebondir.
- **Si vous n'avez pas compris une question, dites-le** et demandez des précisions. Reformulez la question du jury pour vous assurer de l'avoir bien comprise.

e Questions relatives à votre projet d'orientation

- Votre **projet d'orientation** peut aussi faire l'objet d'une discussion et de questions qui peuvent être anticipées. Soyez prêt à dire où vous en êtes sur Parcoursup.

2 Déclenchez les questions du jury durant votre exposé

- **Il est possible de pousser le jury à vous poser des questions.** Cela n'est pas de la manipulation, c'est un « grand classique ». Les jurés s'y attendent et vous leur simplifiez les choses en leur donnant des idées de questions ou de thèmes de discussion.
Les pauses durant votre exposé laisseront le temps au jury de noter les idées de questions qu'il vous posera ensuite.

> Préparez vos réponses, pas question d'improviser le jour du Grand oral sur des questions prévisibles ou que vous avez déclenchées.

- **Vous pouvez par exemple conclure en tendant une « perche »** ou en proposant une ouverture, un élargissement, une autre hypothèse, etc. : « *... mais de nouvelles possibilités apparaissent* », « *... et il existe d'autres méthodes de résolutions comme... que je n'ai pas eu le temps de...* ».
- **Si vous avez donné votre opinion sur un sujet sans détailler les opinions opposées,** ou mis en avant plutôt les avantages que les inconvénients, tendez une perche à ce sujet : « *Bien entendu, il existe des arguments inverses* », « *Certains inconvénients ne peuvent pas être négligés* », etc.
- Vous pouvez choisir **d'expliquer plusieurs notions et de ne pas en expliquer une**, volontairement.
- Durant l'exposé, **vous pouvez être très direct(e)** : « *Je pourrais développer ce point pendant la discussion si vous le souhaitez* », «*J'ai d'autres exemples à vous donner...*», « *Ce film / livre que j'ai beaucoup apprécié, je serais ravi de vous en parler* ». Cependant, n'abusez pas de ce procédé.

> Attention à ne pas exagérer en étant trop « stratège ». Ne soyez pas volontairement imprécis ou incomplet dans le but de déclencher des questions au détriment de la clarté de votre exposé.

- **Placez des phrases habiles dans votre exposé, sans développer (ni systématiser ce procédé)** : « *Je suis tombé(e) sur de nombreuses sources peu fiables à ce sujet…* », « *L'expérience que nous avons réalisée en classe reste un souvenir douloureux (sourire)* », « *Mais tout le monde n'est pas d'accord à ce sujet* ».
- **Évoquer votre orientation ou un de vos centres d'intérêt** est aussi une excellente perche pour la discussion.

3 Comment vous comporter durant la discussion ?

→ Partie 2 p. 78

- La discussion suivant l'exposé est un **échange**, un **dialogue** et non une interrogation orale.
- **Écoutez attentivement** les questions qui vous sont posées et reformulez-les si besoin.
- **Évitez d'interrompre le jury,** ne répondez pas tant que la question n'est pas terminée.
- Si vous le pouvez, **rebondissez** et reprenez les propos du jury.
- **Prenez le temps de réfléchir** avant de répondre, faites une pause.
- N'hésitez pas à développer vos réponses, c'est vous qui êtes au centre de la discussion.
- Ne donnez pas de réponse fermée du type « *oui* », « *non* », « *je ne sais pas* » : **argumentez et développez**.

LES POINTS-CLÉS de cette étape

- ✓ La discussion avec le jury doit être préparée, tout comme votre exposé.
- ✓ Vous pouvez anticiper les questions du jury.
- ✓ Entraînez-vous à répondre aux questions fréquentes qui vous sont posées lors de vos répétitions.
- ✓ N'hésitez pas à tendre des perches au jury qui les utilisera très certainement. Préparez les réponses aux questions que vous aurez déclenchées.
- ✓ Si vous utilisez le tableau, veillez à donner la priorité à votre interaction avec le jury et ne passez pas trop de temps à écrire.
- ✓ Le jury peut aussi vous interroger sur l'intégralité des programmes de Première et de Terminale de vos deux spécialités et notamment sur les parties spécifiques au Grand oral.
- ✓ Réfléchissez avant de répondre et de développer vos arguments.
- ✓ Dites-vous que chaque question est l'occasion de marquer des points.

→ Prévoyez les questions du jury déclenchées par l'exposé oral

SES

Exemples de questions pouvant être posées par le jury suite à un exposé oral répondant à la question « *Peut-on modéliser les crises économiques ?* ».

- Pouvez-vous nous dire ce qui provoque la reprise de l'activité selon Schumpeter ? Pourquoi ?
- S'il est possible de modéliser les crises économiques, comment se fait-il que l'on ne puisse pas mieux les anticiper ?
- Les modèles que vous nous avez présentés sont-ils pertinents pour expliquer toutes les crises économiques ?

Certaines questions porteront **exactement sur votre sujet**, d'autres sur des sujets proches, ou qui l'englobent.

Des **questions peut-être plus « naïves »**, mais tout aussi **intéressantes** seront posées par l'autre membre du jury, qui n'est pas un professeur de SES.

HGGSP

Exemples de questions pouvant être posées par le jury suite à un exposé oral répondant à la question : « *Une gouvernance mondiale peut-elle répondre au défi du changement climatique ?* »

- La France est-elle impliquée dans la lutte contre le changement climatique ?
- Quels sont les défis autres qu'environnementaux que doit relever la gouvernance mondiale ?
- La croissance économique et la préservation de l'environnement sont-elles conciliables ?

Certaines questions seront posées par le professeur de la spécialité HGGSP. Ces questions demandent une **réponse précise**.

Des questions peuvent **associer deux spécialités**, telles que les SES et la HGGSP.

MATHS

Exemples de questions pouvant être posées par le jury suite à un exposé oral répondant à la question « *Comment approximer le nombre π ?* ».

- Quelle est la nature du nombre π ? Connaissez-vous des nombres de même nature que π ?
- Connaissez-vous d'autres méthodes d'approximation du nombre π ?
- Sur un plan informatique, savez-vous ce qui permet de mesurer l'efficacité d'un algorithme d'approximation ?

Ne soyez pas déstabilisé(e), les jurés n'attendent pas de vous des réponses compliquées. Soyez **précis** et quand vous ignorez la réponse, dites-le : **n'inventez rien !**

→ Prévoyez les questions du jury portant sur vos spécialités

SES

- Comment définiriez-vous la mobilité sociale ? Par quelles méthodes peut-on la mesurer ?
- Quels sont les outils à la disposition des pouvoirs publics pour agir sur l'environnement ?
- Quel lien peut être établi entre la socialisation et les inégalités scolaires ?
- Comment peut-on mesurer les inégalités économiques ?
- Pourquoi peut-on dire que la déviance est le produit de la société ?

Des questions peuvent porter sur le programme de **spécialité de SES de Première** si c'est en lien avec votre sujet.

HGGSP

- Qu'est-ce que la « guerre absolue » définie par Clausewitz ? Donnez un exemple contemporain.
- Quelles sont les grandes étapes de l'alphabétisation des femmes en France depuis le XVIe siècle ?
- Comment l'opposition entre les États-Unis et l'URSS à la fin de la Seconde Guerre mondiale aboutit-elle à la bipolarisation du monde ?

Les questions peuvent porter sur l'ensemble du programme d'**Histoire-Géographie** s'il y a un lien avec votre sujet.

MATHS

- Pourriez-vous nous citer différents types de raisonnements en Mathématiques ?
- Pourriez-vous nommer tous les ensembles de nombres que vous connaissez en Mathématiques ?
- Pourriez-vous citer quelques mathématiciens célèbres ? Et nous dire, pour au moins l'un d'entre eux, à quelle notion mathématique son nom est rattaché ?
- Pourriez-vous expliciter la notion de variables aléatoires indépendantes ?

Des questions **transversales** sur le programme peuvent vous être posées.

→ Tendez des perches au jury

SES

Analyse des perches tendues durant l'exposé permettant de répondre à la question : « *Les cryptomonnaies sont-elles de vraies monnaies ?* », développé p. 90.

« On peut voir dans l'apparition des cryptomonnaies une réponse au projet hayekien de dénationalisation des monnaies. En effet, elles ne sont pas contrôlables par une entité telle qu'une entreprise, une banque centrale ou un individu.

Toutes les cryptomonnaies reposent sur l'utilisation d'un protocole numérique nommé la blockchain dont j'ai dessiné le schéma simplifié sur le support que je vous ai transmis. Il s'agit d'une base de données qui n'a pas de coordinateur unique, répliquée chez des dizaines de milliers d'utilisateurs. […] Si vous le souhaitez, je pourrai préciser le fonctionnement de cette technique lors de la phase de questions à la suite de cet exposé. »

Perche « implicite »

Ne dites pas qui est Hayek lors de l'exposé oral et n'expliquez pas non plus quel est son projet. Cela obligera le jury à vous poser cette question après l'exposé.

Perche « explicite »

Dites ouvertement que vous pourrez développer davantage telle ou telle partie de votre réponse lors de l'interaction avec le jury. Si le jury trouve cela intéressant, il vous relancera.

HGGSP

Analyse des perches tendues durant l'exposé permettant de répondre à la question : « *Comment préserver le patrimoine culturel des pays en guerre ?* », développé p. 104.

« […] des projets de reconstruction sous l'égide de l'ONU et alliant acteurs locaux et internationaux sont des réussites, comme le montre mon schéma consacré à la préservation du patrimoine culturel malien.

Pour conclure, le patrimoine culturel des pays en guerre est difficile à préserver. De plus, sa destruction complexifie la connaissance des civilisations disparues et suscite des débats sur les modalités et la pertinence de toute reconstruction, que je pourrai vous exposer plus en détail dans la discussion si vous le souhaitez. Mais je n'ose pas imaginer la destruction de monuments que j'ai eu l'occasion de visiter. »

Perche « explicite »

Ne précisez pas quels sont les débats liés à la reconstruction du patrimoine afin que le jury vous demande de les expliquer.

Perche « implicite »

En terminant sur cette phrase, vous invitez le jury à vous questionner sur les monuments que vous avez visités.

À vous de jouer !

Ressources à exploiter

Téléchargez et imprimez cette page pour vous entraîner !

1 Expliquez le choix de la question choisie

Développez votre intérêt pour la question et les raisons pour lesquelles vous l'avez choisie.

....

....

....

2 Connaissez les définitions

Listez tous les termes techniques ou complexes que vous utilisez dans votre exposé sans les expliquer au jury.

....

....

....

Êtes-vous capable de les expliquer simplement ? ☐ OUI ☐ NON

3 Préparez vos arguments !

Quels sont les exemples, les faits, les arguments, les contre-arguments que vous connaissez mais n'avez pas énoncés (ni indiqués sur le support) ?

....

....

....

Comment avez-vous effectué vos recherches ?

....

....

....

Quels sont les prolongements possibles de chaque partie de votre exposé ?

....

....

....

....

Quelle partie du programme est concernée par votre question ?

....

....

....

....

Pourquoi avez-vous choisi cette spécialité / ces deux spécialités ?

....

....

....

....

Lors de vos entraînements en classe ou avec vos amis :

– Quelles questions reviennent le plus souvent ? Savez-vous y répondre ?

....

....

....

....

– Quelles objections ou contre-arguments apparaissent ? Savez-vous y répondre ?

....

....

....

....

PARTIE 2

ENTRAÎNEZ-VOUS AUX TECHNIQUES DE L'ORAL

CONSEIL 1

Dédramatisez la prise de parole

Vous n'avez pas souvent eu l'occasion de vous exprimer durant 20 minutes, cette épreuve est nouvelle pour vous.

Que dit le texte officiel ?

Le Grand oral évalue « la capacité à argumenter et à relier les savoirs, l'expression et la clarté du propos, l'engagement dans la parole, la force de conviction ».

- *« Je stresse, j'ai le trac… »*
  Le trac vous permet de vous concentrer et de bien démarrer. Il disparaîtra vite, car vous maîtrisez votre contenu.
- *« Je ne suis pas à l'aise à l'oral… »*
  Votre entraînement vous rassurera.
- *« Je ne sais pas quoi faire de mes jambes, de mes mains »*
  Ne surestimez pas l'importance du « non-verbal ». Concentrez-vous sur le contenu et le jury. Le « non-verbal » suivra naturellement !

1 Le stress, non. Le trac, oui !

a Le stress : un phénomène normal, mais gênant

- **Il est normal et naturel** que vous ressentiez du stress : c'est un phénomène physique positif ; votre organisme réagit à ce qu'il évalue comme une menace ou une peur afin de vous aider à les surmonter.
- **Le stress peut se manifester de différentes manières** en fonction de son niveau et des personnes : une respiration rapide ou saccadée, le cœur qui bat trop vite, une transpiration exagérée, l'apparition de rougeurs, de maux de ventre, etc.
- **Le stress peut avoir un impact sur votre communication verbale ou non verbale :** vous parlez trop fort ou trop faiblement, votre voix tremblote, vous bafouillez, vous multipliez les mots parasites (*« euh, voilà, donc… »*), vos phrases sont trop longues, vous ne faites pas de pauses, vous avez des trous de mémoire, votre regard se promène partout dans la salle, vous ne contrôlez plus vos jambes, ni vos bras, ni vos mains, etc.

Heureusement, il est rare de cumuler tous ces inconvénients !

b Le bon stress : le trac !

- **Un minimum de stress est nécessaire** pour que vous soyez performant(e). C'est le **trac**. Il est nécessaire, car il vous poussera à vous concentrer. C'est aussi une forme de respect pour les membres du jury.
- **Le trac vous motivera** tout particulièrement pendant les 20 minutes de préparation, vous donnera envie de « bien faire » et augmentera vos performances.

• **Vous avez sans doute déjà expérimenté le trac dans des situations personnelles,** au lycée ou dans vos activités extrascolaires, quand vous avez eu le sentiment de connaître « une poussée d'adrénaline » et d'avoir été au top !

Pendant la session 2021, il était permis de rédiger des notes et de les conserver pendant l'exposé. Vérifiez si c'est toujours possible cette année.

2 Ayez confiance en vous

• **Votre travail de préparation du Grand oral** est l'élément-clé qui vous mettra en confiance et réduira considérablement votre stress si vous maîtrisez bien votre sujet.

• **Vous ne risquez aucune mauvaise surprise parce que :**
- vous choisissez deux questions qui vous intéressent et en préparez les deux exposés ;
- vous avez l'appui de vos professeurs, des autres élèves, des professeurs documentalistes, etc ;
- vous préparez par avance le support qui sera réalisé le jour J et montré au jury ;
- vous énoncerez votre exposé sans être interrompu(e). Vous pouvez anticiper, voire déclencher une partie des questions du jury dont vous aurez préparé les réponses ;
- vous allez expliquer vos choix d'orientation. Il s'agit de parler de vous : un sujet que vous connaissez parfaitement et bien mieux que le jury ;
- vous disposez de 20 minutes de préparation le jour de l'épreuve pour bien mettre vos idées au clair, rédiger votre support, vous concentrer et vous détendre.

3 Le jury n'est pas votre ennemi !

• **Votre public est connu.**
- Prendre la parole en public le jour du Grand oral, cela veut dire prendre la parole **dans le cadre clair de l'épreuve**, devant seulement deux personnes qui sont enseignant ou professeur-documentaliste de lycée.
- Il ne s'agit pas d'une prise de parole devant un grand groupe de personnes lointaines, ni de gens qui vous interrompront ou vous contrediront.

• **Votre public est bienveillant.**
- Votre public est limité à deux personnes, compétentes, connaissant très bien les élèves de votre âge.
- Les jurés savent que vous n'êtes pas des professionnel(le)s de la communication.
- Les gestes parasites, les tics de langage, les bafouillis peuvent être combattus et seront tolérés.
- Comptez sur la bienveillance des membres du jury. Ils sont là pour vous écouter, vous encourager et échanger avec vous (ce sont des professeurs de lycée, comme les vôtres, qui auront aussi préparé leurs élèves qui vous ressemblent).

• Vous savez parler, vous faire comprendre et écouter depuis votre enfance… vous avez l'habitude de la prise de parole !
• Si besoin, n'hésitez pas à assumer votre stress et à l'exprimer le jour du Grand oral. Le jury en tiendra compte.

Entraînez-vous !

Avant de commencer les exercices

- Ces idées d'activités ont pour but de vous habituer à prendre la parole et à vous exprimer sur des sujets divers et parfois personnels, indépendamment des réponses à vos questions de spécialités.
- Vous pouvez pratiquer ces exercices dès maintenant ou après avoir lu les pages suivantes ou les reprendre à tout moment durant votre entraînement.
- Vous pouvez les pratiquer debout ou assis(e), seul(e) devant un « public fantôme », ou vous entraîner à vous exprimer en « public », à plusieurs avec des camarades et en classe, toujours avec bienveillance.
- Engagez-vous dans vos réponses : dites « *je* » ; adressez-vous à votre auditoire : dites « *vous* ».
- À partir de vos réponses, vous pouvez demander que l'on vous pose des questions et enchaîner un dialogue.

Pour tous ces exercices, vous pouvez choisir de parler 1, 2 ou 3 minutes, jusqu'à 10 minutes en fixant préalablement la contrainte de temps et en la respectant.

1 Si vous étiez...

Terminez ces phrases et expliquez vos réponses.

- *Si j'étais un animal, je serais... Si j'étais un lieu de vacances, je serais...*
- *Ou encore : un personnage de fiction, un livre, un sport, une série, un film, une célébrité, un personnage historique, une chanson, un plat, un pays, une ville, une œuvre d'art, etc.*

2 Parlez de vous, développez vos réponses

- *Mon expérience la plus marquante c'est... / Un truc dingue qui m'est arrivé...*
- *Ce que j'aime faire pendant le week-end... / Ce que j'aime faire avec mes ami(e)s...*
- *Mes principaux défauts... / Mes principales qualités...*
- *Si j'avais un super pouvoir, ce serait...*
- *Ce qui me rend joyeux... / Ce qui m'énerve...*
- *Ma devise... / Mon hashtag...*
- *Mon équipe préférée... / Ma personnalité préférée... / La personnalité que « je ne peux pas voir »...*
- *La période historique dans laquelle j'aimerais vivre... / L'événement auquel j'aurais voulu assister...*
- *Hier / Ce matin... / Aujourd'hui après le lycée... / Le jour où « j'ai » mon Bac...*
- *Dans 5 ans / 10 ans, je me vois... / Si je gagne 100 millions d'euros...*
- *Si j'étais élu(e) Président(e) de la République, les trois premières mesures que je prendrais seraient... parce que...*
- *Si j'étais maire de ma ville / président(e) de ma Région / ministre de la Santé / ministre de l'Éducation nationale / ministre de l'Écologie / ministre de l'Égalité femmes-hommes, etc.*

3 Habituez-vous à débattre et à convaincre

a « Pour » ou « contre » ?

Le travail le dimanche, les paris en ligne, l'interdiction des portables au lycée, l'euthanasie, l'énergie nucléaire, la consommation de viande, le véganisme, la chasse, la légalisation du cannabis, les uniformes à l'école, les concours de beauté, la publicité à la télé dans les émissions pour enfants, les GAFA, les accords de Schengen, l'obligation de voter, Parcoursup, le Grand oral, le contrôle continu...

b Je vous recommande un livre, un film, une série, une recette, une visite, de suivre une personne sur les réseaux sociaux, un endroit pour les vacances, un morceau de musique, un site Internet, etc.

4 Parlez de sujets qui vous intéressent et intéressez votre auditoire

- *Ce qui m'intéresse en ce moment / m'a intéressé(e) récemment c'est...*
- *J'ai lu un article qui... / J'ai vu une vidéo qui m'a choqué(e)...*
- *Ce message sur Instagram ou Twitter m'a...*
- *Quel match !... / Quel(le) artiste !...*
- *Sur des sujets au choix : À ce sujet, je pense que... Je suis plutôt d'accord... Je ne suis plutôt pas d'accord... Mon « coup de gueule »...*

5 Donnez-vous des contraintes

Vous pouvez pratiquer les exercices précédents avec de nouvelles contraintes.

- *Parler au passé ou au futur, interdire ou imposer des mots, assis(e), debout, de près, de loin, à voix haute ou basse, en appuyant exagérément avec les mains, ou « sans les mains », etc.*
- *Placer des mots, des chiffres, des mots commençant / finissant par, parler en vers...*
- *Improviser autour d'un mot très concret ou un mot très abstrait, d'une personnalité, d'un terme du cours...*
- *Ne parler qu'avec des noms de fruits, légumes, métiers, pays, personnalités, des mots et sons inconnus, etc., et des gestes expressifs.*
- *L'un(e) parle dans une langue inconnue avec gestuelle et intonation adaptées, un(e) autre traduit en français.*
- *Dialoguer avec un(e) camarade en commençant chaque phrase avec un mot de la lettre de l'alphabet suivante. Par exemple :*
  *« **A**lors le Grand oral, tu le sens comment » ?*
  *« **B**ien, bien, je me prépare »*
  *« **C**omment tu te prépares, ça m'intéresse »*

CONSEIL 2

Transformez votre diction en atout

Vous allez utiliser votre voix pour vous adresser au jury. Vous savez parler, pas d'inquiétude !
Il n'est ni utile, ni possible de changer votre voix, mais vous pouvez améliorer votre diction, votre « manière de dire ». Ses composantes sont : le volume, le débit, l'intonation, l'articulation et… les silences. Vous pouvez les travailler afin d'être performant(e) le jour du Grand oral.

Ce que le jury attend

- *Le jury du Grand oral attend de vous une prestation préparée, mais naturelle. Vous ne jouez pas une pièce de théâtre, n'en faites pas trop.*
- *Le jury sera indulgent à propos de votre manière de parler si vous lui montrez votre implication.*

Évitez la monotonie

- Pensez au jury qui, pendant plusieurs journées consécutives, verra défiler des candidat(e)s.
- Toutes les composantes de votre voix sont liées. Habituez-vous à les varier afin d'éviter la monotonie.

1 Le volume de votre voix

- En vous entraînant, vous trouverez **le bon équilibre** pour être **audible**, sans parler trop fort, à un peu plus de deux mètres de vos interlocuteurs.
- **Il vaut mieux parler un peu trop fort** (ce qui masquera d'éventuels tremblements dus au trac) que trop bas.
- **Entraînez-vous à varier votre volume** (plus bas ou plus fort), notamment durant votre exposé, afin d'insister sur des mots-clés ou, par exemple, annoncer votre conclusion.
- Parlez à haute voix **jusqu'au bout de vos phrases**.

Il fait chaud en été !

Protégez votre voix, apportez une bouteille d'eau. Demandez, par politesse, l'autorisation de boire, le jury vous l'accordera sans hésiter.

2 Le débit : vitesse et rythme de votre voix

- **Le rythme de votre prise de parole** influera sur sa qualité et sur son effet sur le jury : ni trop lentement, ni trop vite.
- **Il vaut mieux parler un petit peu trop lentement plutôt que trop vite.**
- **Variez votre débit en fonction de vos propos.** Parlez un peu plus vite quand vous racontez une anecdote et moins vite quand vous expliquez une notion technique.
- **Si vous avez l'habitude de parler vite,** cela sera difficile à modifier et vous devez y faire attention. Évitez les phrases trop longues dans votre exposé et vos réponses.
- **Un débit maîtrisé, c'est aussi une respiration maîtrisée,** posée au bon moment.

3 Votre prise de parole, ce sont aussi des pauses

- **Ne commencez pas à parler dès qu'on vous donnera la parole !** Attendez quelques secondes, vous capterez ainsi toute l'attention du jury.
- **Les pauses peuvent représenter jusqu'à une minute** de la durée totale de votre exposé, vous devez prévoir où les placer durant votre préparation.
- **La durée des pauses peut être variable** selon leur importance.
- **Les pauses marquent le début ou la fin d'une sous-partie** ou attirent l'attention sur ce que vous allez dire ou venez de dire.
- **Les pauses permettent de réfléchir** avant de répondre, ce que le jury appréciera. Profitez-en pour bien respirer.
- **Si vous avez tendance à parler trop vite,** faites des pauses à la fin de vos phrases afin de reprendre votre respiration et de « soulager » le jury.

4 Votre intonation

- **Votre intonation est le ton que vous prendrez pour vous adresser au jury.**
- **Une intonation dynamique** montrera votre engagement.
- **Entraînez-vous à adapter votre intonation** et à la varier pour éviter la monotonie. Par exemple, votre intonation sera différente quand vous expliquez pourquoi vous avez choisi cette question ou quand vous répondez à une question.
- **Prévoyez d'appuyer de la voix certains mots ou phrases** pour leur donner de l'importance.
- **Durant les discussions avec le jury,** pensez à varier votre intonation. Une fois votre exposé terminé, vous pouvez être plus souriant(e) et détendu(e).
- Vous pourrez en même temps **appuyer les mots par vos gestes.** Conseil 3 → p. 64

5 Articulez !

- **Travaillez votre élocution, même exagérément** parfois, pendant vos entraînements.
- **Habituez-vous à bien prononcer tous les mots,** éventuellement à les découper de manière artificielle si nécessaire.
- **Gardez la même qualité de prononciation** pour tous vos mots, du début à la fin de vos phrases.
- **Tout particulièrement, appuyez sur les voyelles** qui « expriment les voix » qui « sonnent avec les consonnes », comme disait Molière.

Entraînez-vous !

Pour tous les exercices qui suivent

- Vous pouvez vous entraîner avec un(e) ami(e) ou en classe, **toujours avec bienveillance** et avec des objectifs précis pour chaque exercice.
- Entraînez-vous aussi seul(e) **en vous enregistrant** avec un smartphone et en visualisant une **audience fictive**. Généralement, on n'aime pas entendre sa propre voix et les enregistrements amplifient la perception de nos défauts.

1 Volume et débit

a Racontez, en une à deux minutes, ce que vous avez préféré durant votre dernier week-end ou parlez d'un sujet d'actualité qui vous intéresse et adaptez (sans jamais crier) votre volume à votre audience réelle ou fictive qui se trouverait :

- *à un mètre, à deux mètres (à peu près comme un jury), à dix mètres ;*
- *à quelques mètres de vous, mais imaginez que vous êtes gêné(e) par le bruit de voitures qui passent ou des gens qui parlent.*

- Votre voix est un mélange de composantes. Pour chaque exercice, faites attention à toutes ses composantes.
- En même temps, faites toujours attention à votre posture, vos gestes, votre regard, votre sourire.

b À partir d'un texte ou d'un extrait de pièce d'une dizaine de lignes, avec un traitement de texte, grossissez certaines lignes (corps 20), réduisez les autres (corps 9) et :

- *lisez à très haute voix les « corps 20 » et à voix basse, mais intelligible, les « corps 9 » ; puis faites l'inverse ;*
- *lisez avec un débit rapide les « corps 20 » et lentement les « corps 9 » ; puis faites l'inverse.*
- *lisez avec un débit lent et à voix haute les « corps 20 » et avec un débit rapide à voix basse les « corps 9 ».*

c Choisissez un poème de quatre à huit vers ou un extrait de monologue de théâtre, lisez-le en le prononçant parfaitement, de manière changeante à chaque vers :

- *premier vers rapide avec une voix bien forte (sans crier), puis vers suivant lentement à voix basse, puis vers suivant lentement à voix bien forte (sans crier), puis vers suivant vite à voix basse ;*
- *premier vers, lentement en chuchotant, puis vite toujours en chuchotant, puis vite bien fort, enfin lentement avec une voix bien forte.*

d Reprenez les exercices précédents, en ajoutant du **gras**, des *italiques* ou des soulignés au texte choisi. Donnez à un(e) ami(e) des contraintes de lecture variées : rapide, lent, voix haute, voix basse, puis à son tour de vous donner des consignes.

2 Pauses

a Choisissez un texte (poème, extrait de monologue de théâtre) : lisez sans faire de pause entre les deux premiers vers, puis avec une pause marquée d'une seconde entre les deux suivants, puis de deux secondes, puis alternez sans pause, etc.

b Durant la préparation de votre réponse à la question : prévoyez les endroits où vous allez faire des pauses (longues ou courtes) et entraînez-vous à les respecter.

3 Intonation

Choisissez un texte de quelques lignes et :

- *lisez-le à haute voix en souriant, avec enthousiasme, avec tristesse, avec rage, d'un air sadique, très hésitant, etc. ou comme un(e) candidat(e) en campagne électorale, un(e) commentateur(trice) de sport, un(e) cuisinier(ère) partageant une recette ;*
- *lisez-le à haute voix comme un(e) médecin rassurant(e), comme un(e) guide touristique, comme si vous parliez à une personne très âgée ;*
- *surlignez un mot par phrase et appliquez-vous à appuyer (y compris avec les mains) quand vous le prononcez.*

• Prenez l'habitude d'être attentif(ve) à votre voix et à votre diction **tout au long de l'année** : en classe, pendant vos activités extrascolaires, en famille, avec vos ami(e)s, pendant vos sorties, etc.

4 Articulation et prononciation

a Travaillez vos voyelles : entraînez-vous, même de manière exagérée, à bien appuyer et prononcer les voyelles dans des phrases choisies au hasard.

b **Les virelangues**

- Lisez les virelangues d'abord convenablement à voix haute, sans vous tromper, puis répétez-les jusqu'à les connaître par cœur.
- Enfin accélérez le rythme tout en les prononçant sans erreur et avec une prononciation parfaitement nette.

Didon dîna dit-on d'un os du dos d'un dodu dindon.
Si six scies scient six saucissons, six-cent-six scies scient six-cent-six saucissons.
Cherchez ce chat chez ce cher Serge.
Un banc peint blanc plein de pain blanc, un blanc banc peint de blanc pain.
Un vieux voyou voleur voulait voler Violette.
Petite cathédrale, quand te décathédraleriseras-tu ? Je me décathédraleriserai quand toutes les petites cathédrales se décathédraleriseront.
Les croyants qui prient sur l'Acropole ne peuvent pas prier quand les corbeaux peuvent croasser.

c Reprendez les exercices précédents avec un crayon dans la bouche, comme le font certains comédiens pour s'entraîner.

Ressources à exploiter

+ D'autres exercices sur la diction à télécharger avec ce QR code.

CONSEIL 3

Parlez avec votre corps

Le Grand oral, ce n'est pas seulement parler, c'est aussi être présent physiquement.
C'est ce qu'on appelle la « communication non verbale ».
Ce terme ne doit pas vous inquiéter, car vous avez l'habitude de communiquer, consciemment ou non, avec votre corps. Dans le cadre du Grand oral, cela se résume à utiliser au mieux votre posture : debout ou assis(e), votre regard, votre sourire et vos mains, sans se soucier d'autre chose.

Que dit le texte officiel ?

« Le candidat effectue sa présentation du premier temps debout, sauf aménagements pour les candidats à besoins spécifiques. Pour les deuxième et troisième temps de l'épreuve, le candidat est assis ou debout selon son choix. »

Le non verbal pèse moins que le contenu

- Certains disent que la communication non verbale entre pour plus de 70 % de la communication. Cela nous semble excessif et pas du tout adapté au Grand oral, pendant lequel des enseignants jugeront et noteront avant tout votre travail et votre préparation.
- Mais veillez à la qualité de votre communication non verbale !

1 Votre posture

- **Votre posture est la manière dont vous allez vous installer dans la salle, face au jury durant toute l'épreuve.** Lors de votre réponse à la question choisie par le jury, vous serez debout (sauf impératif médical). Dix minutes debout, ce n'est pas très long, vous y êtes habitué(e) dans votre vie quotidienne.
- Une fois dans la salle, **placez-vous au centre de la pièce,** à environ deux mètres du jury.
- **Ancrez-vous dans le sol** (tout comme une ancre marine permet à un bateau de se stabiliser), le dos droit (et pas voûté !).
- **Les pieds bien droits et légèrement écartés** (de la largeur de vos hanches), la tête haute tournée vers le jury. Vous devez vous engager physiquement.
- **Puis, conservez cette posture** et ne bougez pas trop vos jambes. Si vous bougez involontairement pendant l'exposé, prenez le temps de vous remettre en position ancrée qui vous stabilisera.

Peut-on marcher durant le Grand oral ?

- Il n'est pas nécessaire de marcher dans la pièce car vous n'êtes pas un conférencier devant une grande salle.
- En revanche, si nécessaire, vous pouvez vous approcher du jury, par exemple pour lui montrer un point du support. Revenez ensuite à votre place initiale sans tourner le dos au jury.

2 Debout ou assis(e) après votre exposé ?

- **Vous n'êtes pas habitué(e) à parler debout,** mais pour énoncer votre exposé que vous aurez préparé à l'avance, vous verrez que vous serez plutôt à l'aise.
- **L'épreuve du Grand oral vous autorise à vous asseoir après votre exposé,** lors de la discussion avec le jury.
- **Nous vous recommandons de vous asseoir pour la suite du Grand oral,** surtout s'il y a une table devant vous. Cela sera sans moins fatigant et vous évitera de vous poser la question de ce que vous allez faire de vos jambes (qui seront quand même visibles sous la table).
- **Par politesse, vous pouvez demander au jury si vous pouvez vous asseoir** ou lui signaler que vous vous asseyez (« *Je me permets de m'assoir…* », avec sourire et regard bien placé). Il est tout à fait possible que ce soient les membres du jury qui vous proposent de vous asseoir.
- **Une fois assis(e), retrouvez une posture tonique et engagée.** Ancrez vos deux pieds au sol et asseyez-vous plutôt près du bord du siège, bien droit(e), tourné(e) vers le jury.
- **Évitez de balancer vos jambes** ou de les positionner sous la chaise. S'il n'y a pas de table, faites d'autant plus attention à vos jambes.
- Vous pouvez aussi **choisir de rester debout toute l'épreuve** si vous vous sentez plus à l'aise.

3 Votre sourire, votre regard

- **La règle est simple : souriez régulièrement** aux membres du jury, c'est le secret de la réussite !
- Vous pouvez sourire au moment où vous expliquez pourquoi la question choisie vous a intéressé(e), ou s'il y a des moments souriants ou détendus dans votre exposé.
- **Il est impératif que vous créiez un lien avec les membres du jury *via* votre contact visuel.** C'est ce contact qui permettra la meilleure interaction entre vous et les jurés et cela réduira le risque de monotonie de votre exposé. Les jurés ne sont que deux et vous n'avez rien d'autre à regarder.
- **Regardez alternativement les jurés et en fonction de leurs actions** (par exemple, regardez le juré qui vous interroge et débutez votre réponse en le regardant ; puis regardez l'autre juré en fonction de la longueur de vos réponses).
- **Mais évitez de balayer systématiquement votre regard** de l'un à l'autre comme si vous regardiez un match de tennis.

> **Lire les notes ?**
>
> Attention à ne pas perdre le contact visuel avec le jury en regardant vos notes. Ne baissez pas la tête et évitez de mettre vos feuilles entre vous et les membres du jury.

- **Faites en sorte que chacun d'eux se sente concerné,** tout particulièrement le membre du jury qui n'enseigne pas la spécialité choisie.
- **Regardez les membres du jury, cela vous donnera des indications** sur ce qu'ils ressentent et comment ils réagissent à ce que vous dites. Cela fait partie de ce qu'on appelle l'**interaction**.
- **Appuyez avec votre regard** vos pauses les plus longues, ou les mots que vous voulez souligner.

Votre regard agit sur votre corps

- Si votre regard est tourné vers un point fixe quand vous êtes debout, votre équilibre sera amélioré.
- Si vous baissez les yeux, le volume de votre voix baisse quasi mécaniquement.

4 Vos mains

- **Vos mains « parlent »** aussi et accompagnent vos paroles et vos silences.
- **Appuyez avec vos mains les mots-clés,** les **points forts** de votre exposé et vos réponses pendant la discussion.
- **Vous devez montrer le support de la main** quand vous l'évoquez pendant votre exposé.
- **Entraînez-vous à « parler avec les mains »**, vous serez plus performant(e) et paraîtrez plus naturel(le).
- **N'en faites pas trop.** Vous n'êtes ni une personnalité politique en campagne, ni un(e) tragédien(ne) !

Attention à vos mains

Ne gardez pas vos mains jointes, ni cachées derrière votre dos ou sous la table, ni dans les poches ou sur les hanches et surtout pas sur la bouche. Ne serrez pas les poings, ne pointez pas votre doigt vers le jury, ne croisez pas les bras.

5 Ne vous préoccupez pas trop des gestes parasites

- **Les gestes parasites** sont les gestes **que vous ne contrôlez pas** : vous touchez votre nez ou vos oreilles, vous passez la main dans vos cheveux, vous triturez vos lunettes, vous avancez ou reculez sans raison, etc.
- Votre **entraînement** et votre **préparation** réduiront ces gestes inutiles.
- **Surtout : pendant le Grand oral, ne pensez pas à ces gestes.** Concentrez-vous sur ce que vous dites et tournez-vous vers le jury.
- **En aucun cas vous n'aurez une mauvaise note** parce que vous touchez vos cheveux ou vous grattez le nez.

Entraînez-vous !

1 Votre posture debout, ancrée

a Parlez pendant une minute, avec interdiction de bouger vos pieds, debout sur votre lit, un fauteuil, ou un coussin épais afin de tester la meilleure position :

- *en position bien ancrée ;*
- *jambes jointes ou très resserrées, jambes très écartées, jambes croisées.*

b Entraînez-vous à parler en position bien ancrée debout et assis(e).

c Parlez d'un sujet pendant une minute debout en bougeant exagérément jambes et mains, puis en ne bougeant pas du tout. Continuez en vous tenant selon une posture ancrée et naturelle, et en souriant.

2 Vos mains

a Choisissez un court texte de votre choix.

- *Lisez-le à haute voix en mimant les mots de manière exagérée.*
- *Puis « répétez » les mêmes phrases uniquement avec les gestes.*

b Afin de mieux les contrôler, faites la liste des gestes parasites que vous avez détectés chez vous en vous filmant, ou d'après vos camarades ou vos professeurs.

Entraînez-vous régulièrement à utiliser vos mains quand vous parlez pour appuyer sur des mots ou des phrases et montrer votre conviction. Habituez-vous à éviter l'utilisation négative de vos mains.

3 Votre regard, votre sourire

a Quand vous parlez dans votre vie quotidienne, entraînez-vous à regarder dans les yeux et en souriant votre « public » (amis, famille ou professeurs).

b Regardez des inconnus pendant deux à trois secondes (attention quand même et soyez respectueux) : au lycée, dans un magasin, dans un café, dans un bus, etc.

c Parlez en regardant des points fixes pendant une ou deux minutes, ou en regardant, pendant vos séances de simulations, vos camarades ou vos professeurs.

d Expérimentez l'effet du regard sur votre équilibre, debout en parlant :

- *fermez les yeux ; laissez votre regard errer un petit peu partout dans une pièce ;*
- *restez debout sur une jambe les yeux fermés, puis les yeux ouverts.*

e Renouvelez les exercices en souriant beaucoup, puis sans sourire du tout.

CONSEIL 4

Mémorisez votre exposé

Vos exposés sont quasi aboutis. Vous devez maintenant mémoriser vos exposés et vos réponses aux questions probables du jury, afin d'accroître votre confiance pour le jour du Grand oral.
Il existe différentes techniques de mémorisation que nous ne pouvons pas développer ici, mais voici tout de même quelques conseils pour la préparation du Grand oral.

Bien mémoriser

Quatre facteurs faciliteront votre mémorisation et votre restitution le jour J :
– votre motivation ;
– la compréhension de ce que vous voulez mémoriser ;
– les méthodes de mémorisation que vous utiliserez ;
– votre entraînement et vos révisions régulières.

Confiance, confiance

- Ayez confiance en votre mémoire. À votre âge, le cerveau ne demande qu'à apprendre.
- Il est normal d'oublier des choses. Il faut disposer d'une mémoire exceptionnelle pour ne rien oublier. En travaillant régulièrement, vous pourrez mémoriser ou au moins maîtriser vos exposés.
- Les notes que vous pouvez consulter vous aideront aussi.

1 Motivation et compréhension

a Si vous utilisez ce livre, c'est que vous êtes motivé(e) !

- Plus sérieusement, cette épreuve inédite est **très formatrice** et plutôt **exaltante**, car à l'inverse des épreuves écrites, elle n'est pas anonyme. Aucun(e) élève n'a envie de « se planter » en présence des interrogateurs et au contraire, vous aurez à cœur de briller.
- **Le coefficient important du Grand oral** est un facteur de motivation non négligeable…
- Si vous avez bien préparé le Grand oral, vous serez d'autant plus motivé(e) à achever votre préparation en consacrant le temps nécessaire à la mémorisation des réponses aux questions que vous avez choisies.
Votre mémorisation en sera d'autant facilitée.

b L'autre clé est la compréhension

- **C'est vous qui avez choisi vos questions.** Vous les avez travaillées en profondeur en effectuant de nombreuses recherches, et vous avez filtré, trié et organisé vos résultats de recherche. Vous vous êtes totalement approprié(e) les questions dont vous comprenez tous les termes.
- Vous donnerez du **sens** et de l'**intérêt** à ce que vous voulez retenir.
- **Votre cerveau y sera sensible et mémorisera** durablement ce qui vous semble important.

2 Comment mémoriser ?

a Faut-il apprendre par cœur ?

- **L'apprentissage par cœur ne doit pas être votre objectif. C'est un très gros effort pas très utile.** Si vous aviez un trou de mémoire, vous seriez complètement déstabilisé(e). Enfin, en récitant l'intégralité de votre exposé par cœur, vous ne capterez pas suffisamment l'attention du jury et **vous ne serez pas naturel(le)**. Apprendre votre exposé par cœur peut être une étape qui vous aidera dans vos révisions à condition de vous en éloigner le jour J.
- Vous allez vous apercevoir que chaque exposé n'est **pas si long ni difficile à mémoriser** car il va tenir sur moins de deux pages de traitement de texte.
De même, votre support vous « appartient » et vous saurez le mémoriser.

b Le plan et les mots-clés

- **Vous devez connaître par cœur** le **plan**, les **mots-clés**, le **thème** des parties et leurs **enchaînements** logiques afin de les énoncer dans l'ordre.
- Commencez par vous entraîner à **maîtriser cette ossature**… ce qui sera facile car c'est vous qui l'avez conçue. Cela vous permettra de diviser l'exposé à mémoriser en plusieurs parties qui s'enchaînent logiquement.

À retenir absolument
- Introduction et conclusion.
- Structure de l'exposé et mots-clés.
- Enchaînement de toutes les parties de l'exposé.

- Ensuite vous la compléterez avec les **exemples**, les **arguments**, les **faits**, etc.
- Nous vous recommandons aussi d'**apprendre par cœur au moins le début de l'introduction** (et même toute l'introduction), ce qui vous garantira de bien démarrer et vous mettra en confiance.
- De même, **mémorisez la fin de la conclusion** (et même l'intégralité de la conclusion). Bien conclure votre exposé et lancer la discussion **vous rapportera des points**.
- **Mémoriser les points-clés** de l'exposé vous donnera plus de flexibilité et d'aisance. Vous pourrez vous concentrer sur les explications que vous voulez apporter au jury. Cela vous permettra aussi de paraître plus naturel(le) et de mieux **communiquer** et d'**interagir** avec le jury.

- Vous pouvez vous entraîner en rédigeant uniquement les mots-clés sur une feuille (et éventuellement les connecteurs logiques).
- Puis énoncez votre exposé à partir de ces seules informations. Petit à petit, vous n'aurez plus besoin de regarder la feuille parce que vous maîtriserez votre exposé.

c Les différents types de mémoire

- Traditionnellement, on distingue **trois types de mémoire** :
– mémoire **auditive** ;
– mémoire **visuelle** ;
– mémoire **kinesthésique** (la plus rare, qui s'appuie sur des sensations : émotion, toucher, mouvement, etc.).

- Vous découvrirez ou vous savez déjà laquelle vous est la plus favorable, mais en réalité chacun(e) d'entre nous dispose à des degrés divers de ces trois types de mémoire et vous allez pouvoir utiliser les trois.

- Vous pouvez par exemple **écrire votre exposé en entier**. Ne cherchez pas à l'apprendre entièrement par cœur. L'écrire vous aidera à le retenir en faisant appel à votre mémoire scripturale, ce qui est utile en particulier pour votre part kinesthésique.

- **Surlignez en couleur** les **mots-clés** et les **connecteurs logiques** : cela activera votre mémoire visuelle.

Partie 1, Étape 4 → p. 30

Veillez à **ne pas surligner trop de mots ou phrases** afin de ne pas surcharger votre cerveau, qui ne reconnaîtra plus ce qui est important et ne mémorisera pas correctement.

- **Lire le texte à haute voix** fera appel à la mémoire **auditive**. Réviser ou vous poser des questions à haute voix vous permettra de mémoriser, surtout si votre mémoire est plutôt auditive. Vous pouvez aussi enregistrer votre exposé. Vous pouvez réviser à haute voix **en bougeant, en vous déplaçant, en allant dans certains lieux**, ce qui stimulera votre cerveau.

- Présentez les mots-clés, le plan, les connecteurs sous forme de **schéma, carte mentale** ou **tableau**.

- Récitez votre exposé **avec des tons différents** ou des **émotions différentes** (dégoût, colère, tristesse, en chantant), vous verrez que cela peut vous aider à mémoriser le texte grâce à votre part kinesthésique.

d Révisez régulièrement et anticipez

- Pour garder en mémoire vos exposés, vous devrez les **relire**, les **redire**, les **réentendre régulièrement**.

- **Il n'existe pas de règle** concernant le rythme de révision qui permette ce que l'on appelle « l'ancrage mémoriel ». **Adaptez votre rythme à vos capacités et disponibilités**.

- **Le Grand oral se déroule juste après les écrits de spécialité.** Vous ne pourrez pas le mémoriser en si peu de temps. Anticipez !

- Votre rythme de révision devra s'accélérer à l'approche du Grand oral, jusqu'à une **dernière relecture la veille**.
- Enfin, votre **ultime révision** se déroulera durant le temps de préparation le jour J.

Conseil 6 ➜ p. 75

Vos exposés durent 10 minutes

C'est long ! Ne prenez pas à la légère la nécessité d'anticiper et de vous entraîner à les mémoriser.

3 Sommeil et hygiène de vie

- Au-delà des conseils « naturels » que peuvent vous donner vos professeurs ou vos parents, il existe des **raisons scientifiques** qui doivent vous pousser à **porter attention à votre sommeil.**
- C'est **pendant que vous dormez que vous mémorisez** et que votre cerveau travaille le plus.
- **Évitez de passer du temps devant des écrans** (téléphone, ordinateur, télévision) juste avant de vous endormir. Essayez de vous donner un moment d'au moins une vingtaine de minutes sans écran.
- **Évitez les moments de stress avant de dormir** ou essayez d'évacuer ce stress s'il y a quelque chose qui vous préoccupe. C'est une question d'entraînement et vous pouvez y arriver.
- **Il n'est pas recommandé de vous endormir juste après les révisions** qui risquent plutôt d'encombrer votre cerveau et de gêner votre sommeil.
- À l'approche du Grand oral, **inutile de travailler très tard** et de réduire votre temps de sommeil.

Mode avion impératif

- Organisez vos séances de révision de votre Grand oral sur une durée d'environ 45 minutes. Des séances plus longues ne seront pas plus efficaces.
- Il est impossible de vous concentrer et de mémoriser efficacement avec un téléphone allumé près de vous : mode avion et absence de notifications obligatoires durant ces 45 minutes !

- Vous dormirez mieux dans une chambre **complètement dans le noir**. Masquez les lumières extérieures, pensez à retourner votre portable ou, mieux, à le mettre en mode avion et évitez les objets qui clignotent dans votre chambre. Sinon, votre sommeil ne sera pas assez profond et votre cerveau ne travaillera pas efficacement.
- **Une activité physique est recommandée** pour favoriser la mémorisation, notamment après une séquence de travail. Il n'est pas obligatoire non plus de pratiquer un sport de haut niveau, mais une **petite marche**, du **vélo** en extérieur ou d'appartement, des **mouvements de gymnastique**, etc. vous aideront à mémoriser. Cela influera sur votre bien-être, donc aussi sur votre capacité à mémoriser.

CONSEIL 5

Entraînez-vous au Grand oral

Le temps dont vous disposerez entre les épreuves écrites et le jour du Grand oral vous permettra de finaliser vos exposés et de vous entraîner.
Sollicitez vos camarades et vos enseignants, tenez compte de leurs remarques. C'est le moment d'affiner et de mémoriser vos exposés, de préparer les discussions avec le jury et de vous mettre en confiance.

1 Entraînez-vous à...

- **Exposer vos réponses** aux questions en respectant la **consigne des dix minutes**.
- **Rédiger des supports** clairs, compréhensibles, titrés et légendés.
- Exploiter au mieux le **temps de préparation** de 20 minutes.
- **Répondre aux questions** fréquentes du jury et aux questions nouvelles.
- **Bien écouter les questions** et demander de les reformuler si besoin.
- **Tendre des perches** et utiliser celles qui fonctionnent le mieux.
- Répondre à des questions sur **toutes les parties du programme**.
- Faire attention à votre **niveau de vocabulaire**.
- Exposer vos **choix d'orientation, d'études ou de débouchés**.
- Cela vous permettra :
  - **d'affiner votre exposé** en repérant les phrases à changer afin qu'elles semblent plus naturelles à l'oreille, plus faciles à prononcer ;
  - **de vous approprier** vos exposés et vos supports ;
  - **de maîtriser tous les mots-clés et notions** ;
  - de vous habituer à **expliquer des termes complexes** ;
  - **de maîtriser la durée** des différentes parties de l'épreuve ;
  - **de réviser les programmes** de vos spécialités.

Nous vous conseillons de passer en revue les exercices de la **Partie 1** de ce livre et de les appliquer à vos questions.

2 Veillez particulièrement aux « techniques de l'oral »

- Votre **posture** bien ancrée et droite, que vous soyez debout ou assis(e).
- Votre **voix** posée et audible, bien adressée au jury. Votre **intonation** variée.
- Votre **débit**, ni trop lent, ni trop rapide et varié.
- Vos **pauses** fréquentes et bien placées et votre **sourire** fréquent.
- Votre **regard** maîtrisé, toujours vers les jurés. Vos **mains** et **gestes** qui appuient vos paroles.

3 Comment vous entraîner ?

• Pendant vos entraînements, surtout ceux en public, **engagez-vous comme durant l'épreuve**. Jouez le jeu, demandez à vos camarades de le jouer aussi.

• **Travaillez à plusieurs** avec vos camarades de classe et vos professeurs.

• Vous pouvez **travailler seul(e)**, devant une audience fictive que vous visualisez.

• **Enregistrez-vous** avec un smartphone, notamment pour vous assurer que vous êtes **audible**, que votre **débit** est bon, que votre **intonation** évolue (pour appuyer un mot-clé, par exemple) et que vos **pauses** sont assez nombreuses et aux bons endroits.

• **Visualisez la salle d'examen** en répétant votre exposé.

• Lors de vos entraînements en public, demandez que l'on vous pose **un maximum de questions** et **jouez le rôle d'interrogateur** pour vos camarades.
Partie 1, Étape 6 ➜ p. 45

• **Installez deux personnes assises derrière une table,** cela vous aidera à appréhender le volume de votre voix et votre position dans la salle debout pour l'exposé puis, si vous le souhaitez, assis(e) pour la suite du Grand oral.

• **Simulez votre entrée** dans la salle du Grand oral et dites « *Bonjour !* » de manière tonique et sincère.

Révisez vos deux questions

Préparez et révisez vos deux spécialités avec autant de régularité.

Et si vous bafouillez ?

Il arrive à tou(te)s les orateurs(trices) de bafouiller. Cela vous arrivera sans doute, même si vous vous entraînez. Si le bafouillis est très réduit, continuez tranquillement ; s'il est un peu plus conséquent, assumez-le en reprenant votre phrase, en disant simplement « *excusez-moi* », « *je reprends* », etc. avec un sourire bien placé.

Rappelez-vous qu'il est normal de ne pas aimer sa propre voix !

Devant un miroir ?

• Vous entraîner devant un miroir permet de vérifier si vous ne bougez pas trop les jambes, si vous souriez souvent, si vous utilisez utilement vos mains, etc.
• Mais parler devant un miroir n'est pas naturel, vous serez meilleur(e) en vous filmant ou devant une vraie audience !

4 Réduisez vos tics de langage

• Ils sont l'équivalent oral des gestes parasites : vous répétez « *euh…* », « *donc* », « *voilà* », « *bon…* » sans raison.

• À ce sujet aussi, c'est **votre préparation qui vous permettra de les réduire**. Plus vous serez confiant(e) et entraîné(e), moins ce type de tics de langage apparaîtra.

• Essayez de les réduire en vous entraînant mais, comme pour les gestes parasites, **il ne faut pas que cela vous préoccupe trop** au moment de l'épreuve. Vous devrez être concentré(e) sur le contenu et tourné(e) vers le jury.

• En revanche, **vous devez vous entraîner à effacer les expressions du type** « *genre* », « *j'avoue* », « *de base* », « *grave* », « *le truc c'est que…* » ou pire « *wesh* », qui ne sont pas conformes à un contexte d'examen.

→ Soyez prêt(e) à échanger avec le jury sur votre projet d'orientation s'il vous le demande

SES

Exemples d'échanges avec le jury, suite à un exposé oral répondant à la question « *Peut-on modéliser les crises économiques ?* ».

✔ **Quelle a été votre motivation pour choisir de traiter cette question ? Est-ce lié à votre projet d'orientation ?**

J'ai toujours été intéressé(e) par l'économie et je souhaite depuis longtemps en faire mon métier. En Seconde, ce choix a été confirmé par la découverte des Sciences économiques et sociales. J'aimerais en particulier travailler pour le gouvernement en tant qu'expert(e), peut-être dans une agence gouvernementale comme le Conseil d'analyse économique, ou comme chercheur(euse) dans une institution comme le CNRS ou au sein d'une université.

J'ai appris sur Parcoursup que l'idéal pour rejoindre ces métiers est d'obtenir un doctorat en économie, ce qui suppose de bonnes connaissances en SES et en Mathématiques. C'est pour cela que j'ai choisi cette spécialité, que j'ai complétée en Terminale avec les Maths complémentaires. Mes bons résultats de cette année me permettent selon Parcoursup d'intégrer, en cas de réussite au Bac, une classe préparatoire BL pour tenter le concours de l'ENS Paris-Saclay. En cas d'échec à ce concours, je pourrais quand même poursuivre mes études à l'université en filière économique.

Cette année, en Terminale, j'ai donc cherché des questions en lien avec ma passion pour l'analyse économique. C'est lors d'un des premiers chapitres de SES de l'année « Quels sont les sources et les défis de la croissance économique ? » que j'ai remarqué que cette question de la modélisation des crises économiques est au cœur de l'économie moderne. Je pense en particulier à la théorie des cycles réels qui a permis d'intégrer les comportements micro-économiques des agents à un raisonnement macro-économique sur les fluctuations. Après avoir demandé son avis à mon professeur de SES, j'ai décidé d'approfondir cette question car elle permettait de me confronter aux exigences de mon futur métier.

Donnez le maximum d'informations sur votre projet professionnel, ainsi que sur vos choix de spécialités et d'options en Terminale.

Si votre projet d'orientation est lié à la question traitée lors du Grand oral, expliquez pourquoi la (les) spécialité(s) choisie(s) vous seront utiles dans vos études supérieures.

Expliquez **comment vous avez choisi votre question**, ainsi que son **intérêt**.
Si votre question n'a pas de lien avec votre projet d'orientation, **indiquez ce que vous a apporté la préparation du Grand oral** pour vos études supérieures, par exemple le développement de vos **compétences oratoires**.

CONSEIL 6

Optimisez votre temps de préparation durant l'épreuve

Le temps de préparation de 20 minutes le jour J doit être mis à profit pour vous mettre en confiance, réaliser éventuellement le support que vous aurez préparé et vous détendre.
Ne restez surtout pas sans rien faire pendant le temps de préparation, cela vous paraîtra long et risque de vous stresser inutilement.

Que dit le texte officiel ?

« Le candidat a 20 minutes de préparation pour mettre en ordre ses idées et créer s'il le souhaite ajouter des notes et un support (qui ne sera pas évalué). »

Pense bête

Bien évidemment, n'oubliez pas d'apporter une montre ou un minuteur, car vous ne pourrez pas utiliser votre portable.

1 Mettez-vous en confiance

- **Prenez d'abord un peu de temps pour respirer profondément** avant de vous mettre à travailler, pour vous dire que tout va bien se passer.
- **Vous savez enfin à quelle question vous devrez répondre !** Vous pouvez consacrer du temps à une ultime révision, de manière détendue, car vous avez bien préparé votre Grand oral.
- **Des feuilles de brouillon** seront mises à votre disposition. **Rédigez d'abord les notes que vous pourrez consulter durant le Grand oral.** Vous pouvez écrire le plan, les mots-clés, les exemples et arguments sous la forme à laquelle vous êtes habitué(e) à travailler (plan rédigé, schéma, tableau, carte mentale, etc.), ainsi que les points principaux de votre **introduction** (en particulier la phrase de début qui vous permettra de bien vous lancer) et de votre **conclusion.**
- Vous pouvez **répéter mentalement votre exposé** ou à voix haute (si vous ne dérangez pas un(e) autre candidat(e)), en faisant attention à la prononciation.
- Dans les deux cas, **pensez à bien utiliser vos mains** pour appuyer vos propos.
- Vous pouvez mieux vous **projeter dans la discussion** en répondant mentalement à quelques questions les plus probables (« *Pourquoi la question vous a-t-elle particulièrement intéressé(e) ?* », « *Quelles sont vos principales sources ?* »).

Partie 1, Étape 6 → p. 45

Lorsque que vous aurez visualisé la salle où se passera votre Grand oral, vu les deux membres du jury et fait leur connaissance, vous pouvez imaginer votre position dans la salle et comment porter vos regards vers eux.

2 Rédigez votre support

- **La réalisation du support est l'un des motifs principaux de ce temps de préparation.** Vous pouvez consacrer au moins 10 minutes à la rédaction du support, qui sera un atout important, même s'il n'est ni obligatoire, ni spécifiquement évalué.
- Vous n'avez pas à vous inquiéter, vous avez **préparé** votre support, vous êtes **entraîné(e)** à le rédiger de mémoire et vous avez apporté **tout le matériel nécessaire. Il ne vous reste plus qu'à le réaliser**. Prenez le temps de vous rappeler quelles en sont les grandes parties et lancez-vous.
- **Faites particulièrement attention à la visibilité** de vos schémas, courbes et dessins.
- **Relisez-vous, améliorez la visibilité** si besoin et assurez-vous de l'**absence de fautes d'orthographe**.

3 Détendez-vous

- Évidemment, juste avant de démarrer votre Grand oral, **vous sentirez le trac apparaître**, il vous **motivera** et donnera de l'**énergie** à votre oral. Conseil 1 → p. 56
- **Pour que votre trac ne se transforme pas en stress,** respirez profondément, faites quelques exercices musculaires simples que vous vous êtes habitué(e) à réaliser (vous trouverez des exemples en vidéos sur Internet).
- **Rappelez-vous de l'un de vos entraînements** avec vos camarades pendant lequel vous avez certainement bien ri ensemble, même si votre prestation n'était pas exceptionnelle.
- Pensez à une répétition que vous avez **particulièrement réussie**, pensez même à un **bon souvenir**, sans relation avec le Bac.
- **Visualisez votre réussite au Grand oral**, imaginez les deux membres du jury hochant la tête avec bienveillance et vous félicitant.
- Racontez-vous le moment où vous aurez la confirmation de votre réussite au Baccalauréat !
- **Juste avant l'épreuve,** quand les 20 minutes de préparation seront terminées, **reconcentrez-vous, respirez** profondément et rejoignez la salle d'examen avec **détermination**, **sourire** et **énergie**.
- Enfin, dites-vous aussi qu'après le Grand oral, **vous serez probablement en vacances !** Prenez le temps de les imaginer…

Rappelez-vous que le premier critère d'évaluation du Grand oral est « *la solidité des connaissances du candidat* ». Vous êtes bien préparé(e), vous connaissez votre sujet, votre support le prouve. Le jury s'en apercevra et cela vous garantit déjà une note bien supérieure à la moyenne.

CONSEIL 7

Aspects pratiques avant le Grand oral

1 Comment réviser ?

- Révisez et répétez **mentalement ou à haute voix** avec des phrases complètes :
– **vos exposés :** en particulier l'introduction et la conclusion ;
– **vos supports :** entraînez-vous à les rédiger en dix minutes environ.
- **Entraînez-vous aussi à rédiger vos notes.**
- **Révisez les réponses aux questions probables.**
- **Relisez les parties de programme** dans lesquels vous êtes moins à l'aise.
- **Évitez de trop travailler la veille du Grand oral**, surtout le soir.

Actualité

Intéressez-vous à l'actualité des derniers jours, afin de vous en servir, le cas échéant, dans votre exposé ou vos réponses aux questions des jurés.

2 Vos préparatifs

- **Vérifiez le temps nécessaire** pour vous rendre dans le lycée où vous passerez le Grand oral. Assurez-vous que les transports fonctionneront normalement.
- **Réunissez les documents obligatoires :** justificatif d'identité, convocation et document validé présentant vos deux questions.
- **Préparez une trousse** contenant tout le matériel nécessaire à la réalisation de vos supports.
- **Prévoyez une montre** ou un **minuteur**, une **bouteille d'eau**, un **encas** (barre de céréales ou fruit) au cas où vous en auriez besoin (évitez les produits salissants).

On n'est jamais trop prudents

Utilisez deux réveils et demandez à quelqu'un de votre entourage de vérifier que vous êtes levé(e) à l'heure prévue !

3 Votre tenue

- **Prévoyez une tenue propre, simple** et **sobre** dans laquelle vous serez **à l'aise**.
- **Évitez les tee-shirts**, les survêtements, les lacets défaits, les bijoux ou accessoires extravagants.
- Il n'est **pas nécessaire** de venir en « costume-cravate », avec des talons hauts ou **une tenue trop élégante**.
- **Préparez la veille du Grand oral votre tenue complète.**

Soyez à l'aise

Ne mettez pas une tenue neuve, évitez les chaussures trop petites ou les vêtements trop serrés !

CONSEIL 8

Le jour J devant le jury

Enfin le Grand oral commence ! Vous verrez que vous pouvez y prendre du plaisir et obtenir d'autant plus une meilleure note. Nous allons insister ici sur certains points qui vous feront réussir le jour J.

Nous supposons que vous avez suivi nos conseils et ceux de vos enseignants, et que vous avez efficacement préparé vos réponses aux questions, la discussion avec le jury et ce qui concerne votre orientation.

▶ Ne croyez surtout pas qu'être « à l'aise à l'oral » vous suffira pour réussir votre Grand oral. Bien au contraire, montrer un talent oratoire sans contenu risque de vous pénaliser. Le Grand oral est l'épreuve finale du Bac avec un coefficient important qui exige de la préparation !

1 Ayez confiance en vous et en le jury

- **La préparation de vos questions et des supports** tout au long de l'année vous mettra en confiance. Vous ne risquez aucune mauvaise surprise.
- **Le non-verbal** pèse moins que le contenu que vous avez préparé et anticipé.
- Votre public, le jury, est **bienveillant** et connaît les élèves de Terminale.
- **Le trac** va vous motiver et donner de la force à votre oral.

2 Faites une bonne première impression !

- **Dites un « *Bonjour !* » naturel, souriant** et bien **audible** en entrant dans la salle avant de remettre au jury le document présentant vos deux questions.
- **Entrez dans la salle la tête haute** et sans hésitation ; vous n'êtes pas un intrus : le jury vous attend.
- **Démarrez avec énergie, des sourires sincères et regardez les jurés dans les yeux.** Ce premier contact est fondamental, car la première impression est durable.
- **Gardez la même énergie** durant tout le Grand oral.

Dire bonjour ? Serrer les mains ?

- Inutile de préciser « *Bonjour Madame* », « *Bonjour Mesdames* », « *Bonjour Messieurs* », *ni* « *Bonjour Madame et Monsieur* », ce serait un peu forcé.
- Inutile de serrer la main aux jurés.

3 Demandez aux membres du jury quelles disciplines ils enseignent

- S'ils ne vous le disent pas spontanément, vous pouvez **demander aux membres du jury la discipline dans laquelle ils enseignent** après qu'ils vous auront indiqué la question qu'ils ont choisie. Cela montrera de la maturité et de l'intérêt pour vos interlocuteurs. Par exemple, vous pourriez dire « *Me permettez-vous de vous demander quelles disciplines vous enseignez ?* ».
- **Un des professeurs enseigne généralement la spécialité de la question choisie**, vous pourrez vous « appuyer » sur lui, il vous comprendra et sera susceptible de vous poser des questions sur le programme. Attention à **ne pas « oublier » l'autre enseignant**.
- Connaître la discipline enseignée par l'autre professeur vous permettra peut-être d'y faire référence durant l'exposé ou la discussion. Cela montrera votre à-propos et sera très apprécié.
- Cela n'est pas obligatoire, mais vous pouvez y réfléchir une ou deux minutes durant le temps de préparation : « Quel lien y a-t-il entre mon sujet et telle discipline ? ».
- **Si l'un des jurés est professeur-documentaliste,** la référence à votre CDI sera appréciée.
- **Rappelez-vous qu'un des deux membres du jury ne sera pas forcément un enseignant de la spécialité** choisie. Soyez pédagogue dans tous les cas.

Repérez-vous

Afin de savoir où vous en êtes dans les 10 minutes, prévoyez quelques repères intermédiaires à des moments précis de votre exposé. Vous pouvez tout à fait regarder votre montre une, deux ou trois fois durant l'exposé pour vous assurer que vous êtes dans les temps.

4 Bien parler : une question de techniques

- Vous parlez à des jurés, à des **« vrais gens »** : votre exposé n'est pas un monologue. Vous ne parlez pas à un mur, ni à un grand groupe lointain.
- **Regardez les deux membres du jury** et adressez-vous directement à chacun d'eux. Ils doivent le ressentir.
- **Dites « *Je* » et engagez-vous.** Impliquez-vous dans l'exposé et les discussions avec le jury.
- **Articulez** du début à la fin de vos phrases, faites attention au **volume** de votre voix, à votre **débit**, à la longueur de vos phrases.
- **Faites des pauses** durant votre exposé et avant de répondre. Évitez la monotonie en variant votre **intonation**.
- **Placez-vous au centre de la pièce,** à environ deux mètres du jury, bien ancré(e). Évitez de trop bouger, il n'est pas nécessaire de marcher dans la pièce.

- Montrez que vous avez travaillé : ce n'est pas du « fayotage », c'est ce que l'on attend de vous. Au-delà d'une très bonne note, cela vous procurera une grande satisfaction.
- En montrant un support au jury, vous prouvez votre travail et soutenez votre Grand oral.
- Ne craignez pas de paraître trop préparé(e). Craignez plutôt l'inverse.
- Vous entraîner ne vous empêchera pas d'être spontané(e) le jour J.

• Pensez à **sourire** et à **utiliser vos mains** pour accompagner vos propos quand cela est nécessaire.

• **Concentrez-vous sur le jury et le contenu.** Ne vous préoccupez pas trop des gestes parasites, ni des tics de langage. Si vous bafouillez ou vous grattez le nez… ce n'est pas grave !

5 Si « ça ne va pas » pendant le Grand oral

• **Si vous avez un moment de panique** ou un **trou de mémoire** durant votre exposé, arrêtez-vous et prenez le temps de respirer (si le jury s'en aperçoit, ce n'est pas grave).

• **Vous pouvez aussi le dire aux jurés :** il est possible que l'un d'eux vous relance car le professeur de spécialité connaît certainement le sujet.

• **Montrer votre support** peut aussi être utile au jury pour vous relancer.

• **Essayez de retrouver un repère** dans votre exposé, un mot-clé, un exemple et reprenez calmement. Appuyez-vous sur vos notes.

• Au pire, si vous oubliez quelque chose, passez au point suivant… le jury ne savait pas que vous alliez le dire ! Si cela « vous revient » plus tard, débrouillez-vous pour l'évoquer ou le « placer » dans la discussion.

• Si malgré votre préparation et votre entraînement, vous êtes trop stressé(e) le jour J : dites-le au jury. Il sera bienveillant et en tiendra compte si vous **montrez que vous avez travaillé**.

• Si vous ne connaissez pas la réponse à une question ou si vous n'avez pas compris une question, **ne restez pas muet(te), dites-le et demandez des précisions**.

6 Des erreurs à éviter…

• Votre support est **bâclé, mal écrit, avec des fautes d'orthographe** ou vous utilisez un registre **trop familier** : vous ne respectez pas le jury.

• Votre exposé est **trop technique, mal expliqué, confus** : le juré non spécialiste ne comprendra pas votre exposé.

• Vous récitez un **exposé rédigé par une IA**… cela se verra !

À savoir

• Rédiger un support est conseillé, mais pas obligatoire.

• Mieux vaut ne rien montrer au jury plutôt qu'un mauvais support.

• Votre posture ou votre tenue ne sont pas « correctes » ; **mains dans les poches, affalé(e) sur la chaise, votre jean est troué,** etc. : vous ne respectez pas le jury.

• **Vous ne semblez pas impliqué(e),** vous ne semblez pas être intéressé(e) : le jury ne s'intéressera pas non plus à vos propos !

• **Vous ne regardez pas dans les yeux** chaque membre du jury : le jury ne se sent pas concerné.

• **Vous ne parlez pas à voix haute ni audible,** vous êtes trop hésitant(e) : le jury est contraint de faire des efforts pour vous entendre et il est possible qu'il ne vous « écoute » pas vraiment.

• **Vous bougez trop :** vous distrayez inutilement l'attention des jurés.

7 Durant la discussion

• **Il y aura assez peu de questions,** chacune doit vous permettre de marquer des points.

• **Évitez les réponses fermées** (« *oui* », « *non* », « *exactement* », « *je suis d'accord* ») et développez.

• **Évitez aussi bien les phrases trop longues…** que les réponses trop courtes.

• **Écoutez les questions jusqu'à la fin,** n'interrompez pas les jurés. Assurez-vous d'avoir bien compris chaque question, si besoin n'hésitez pas à la reformuler.

• **Prenez du temps pour réfléchir** avant de répondre.

Astuce

• Vous pouvez donner votre opinion, ce n'est pas votre avis qui sera évalué si vous savez l'argumenter.
• Suivez l'actualité et si possible, faites-y référence.
• Relisez l'**Étape 6 de la Partie 1 ➜ p. 45**

8 Vous avez « les derniers mots »

• **Attirez l'attention des jurés sur votre conclusion** de l'exposé. Faites une pause, puis dites, par exemple : « *Pour terminer…* » ; « *Pour conclure…* » ; « *Enfin…* ».

• Concluez à la toute fin du Grand oral en restant souriant(e), droit(e), en confiance.

• **Vous pouvez simplement remercier les jurés** pour le temps qu'ils vous ont consacré ou pour leur écoute, terminer par une allusion souriante à ce qui s'est dit durant le Grand oral, et si tout s'est bien passé et que tout le monde est détendu, même leur souhaiter de bonnes vacances…

• Et de la même manière que vous avez dit « *Bonjour* », dites « *Au revoir* » !

À LA FIN DU GRAND ORAL

- ✓ **Nous espérons que vous aurez un sentiment de satisfaction du travail accompli, surtout si vous vous êtes impliqué(e) totalement et que vous avez cherché à obtenir la meilleure note possible en marquant le jury par votre travail et par la qualité de votre oral.**
- ✓ **Vous pourrez partir en vacances sereinement en vous disant que vous avez franchi une nouvelle étape qui vous a préparé(e) pour l'enseignement supérieur.**

PARTIE 3

QUESTIONS RÉDIGÉES ET COMMENTÉES

SES

HGGSP

MATHS

LLCER

HGGSP
SES

Comment utiliser ces questions rédigées et commentées

Ces sujets, rédigés par des enseignants, ne sont surtout **pas des modèles**, mais des exemples pour vous montrer **comment appliquer tous les conseils de préparation** des Parties 1 et 2. **En aucun cas vous ne devez reprendre l'un de ces sujets pour votre exposé du Grand oral.** Vous trouverez **pour chaque sujet** :

- **le contexte** et l'**intérêt** de la question ainsi que des **références aux programmes** de vos spécialités ;
- des exemples de **ressources utiles** pour préparer **tout au long de l'année** l'**exposé et la discussion** ;
- pour **le jour J :** un exemple de **support** et **un résumé de l'exposé oral**, accompagnés de commentaires méthodologiques et des exemples de questions que le jury pourrait poser.

Étudier ces sujets vous donnera un très bon éclairage sur la manière de travailler vos propres sujets.

SUJET 1 SES

Les cryptomonnaies sont-elles de vraies monnaies ?

Le contexte

- Depuis la création du Bitcoin en 2009, les cryptomonnaies se développent considérablement ; et si seule une dizaine d'entre elles sont connues du grand public, leur nombre dépasse le millier. Depuis 2011, les investissements en cryptomonnaies ont fortement progressé, probablement en raison de l'augmentation spectaculaire du cours du Bitcoin.
- Certaines caractéristiques des cryptomonnaies les rendent appréciables (absence d'intermédiaire, sécurité, transactions très rapides et sans coût, etc.), mais de nombreuses critiques leur sont adressées par les banques centrales et les gouvernements.
- Par ailleurs, la plupart des banques centrales travaillent à la création de leurs propres cryptomonnaies dans les années à venir, en complément des formes de monnaie actuelles.

DOC. 1. Qu'est-ce qu'une cryptomonnaie ?

- Les cryptomonnaies sont des actifs numériques, produits par des logiciels, et ont pour vocation de faciliter les échanges monétaires en remplaçant les monnaies classiques.
- Elles sont sécurisées par un livre de compte consultable par tous, mais pratiquement infalsifiable grâce à la technologie de la blockchain. L'intérêt essentiel de ces actifs est la vitesse de règlement et la sécurité offertes par la blockchain.
- Les cryptomonnaies les plus répandues garantissent par ailleurs l'anonymat de leurs utilisateurs, ce qui peut être pratique, mais facilite l'économie parallèle ou illégale.

Tout au long de l'année

- Dans un premier temps, reprenez vos cours de spécialité de Première en SES, en particulier le chapitre sur **les monnaies et leur création**.
- Dans un deuxième temps, lisez vos cours de spécialité SES de Terminale, en particulier le chapitre sur les **crises financières** et la **régulation du système financier**.
- Enfin, **consultez des sites Internet** en utilisant les mots-clés : cryptomonnaie, cryptoactif, cryptodevise, cybermonnaie, stablecoin, monnaies numériques de banque centrale, Banque centrale européenne, blockchain, bitcoin.

Pour aller plus loin

Recherchez des informations sur la stabilité du cours des cryptomonnaies, sur les stablecoin et sur les monnaies digitales de banques centrales.

Ressources utiles

DOC. 2. À quoi servent les cryptomonnaies ?

- Les cryptomonnaies servent à acheter des biens et des services. La seule difficulté pour les utiliser est qu'elles n'ont pas cours légal, c'est-à-dire que les commerçants ne sont pas obligés de les accepter.
- Dans les faits, il est possible de faire des achats en cryptomonnaie sur des sites Internet spécialisés.
  Comme les transactions sont anonymes pour la plupart des cryptomonnaies, elles sont très utilisées pour les transactions illégales, comme le trafic de drogue ou d'armes.
- Les cryptomonnaies sont également largement utilisées comme placements spéculatifs. Les individus qui en achètent espèrent alors simplement voir leur cours monter pour les revendre avec une plus-value.
- Pour obtenir des cryptomonnaies il faut s'adresser à un intermédiaire qui va nous en vendre (ou nous la racheter contre une autre monnaie), ou participer à la création de la cryptomonnaie.
  Cette opération est appelée le « minage » de cryptomonnaie.

D'après « Bitcoin et monnaie virtuelle : comment investir dans la cryptomonnaie », www.cafedelabourse.

DOC. 3. Comment les échanges de cryptomonnaie sont-ils sécurisés ?

- Les cryptomonnaies sont à la fois des monnaies virtuelles et des systèmes de paiement. Elles ne sont pas organisées par une banque centrale, mais par des logiciels. Elles reposent sur la technologie de la blockchain pour sécuriser les transactions. Il s'agit d'une base de données qui ne peut pas être falsifiée.
- Les principales innovations de la technologie blockchain sont l'absence d'organe central, la sécurité de la base de données et la transparence, puisque la base de données peut être consultée et vérifiée par tous.
- Des personnes ou des entreprises, appelées des « mineurs », se chargent des calculs nécessaires pour constituer cette blockchain. Elles sont rémunérées en cryptomonnaie.

D'après V. Branchet, « Le bitcoin et les crypto-monnaies, des nouvelles pièces numériques », investir.lesechos.fr, mai 2017.

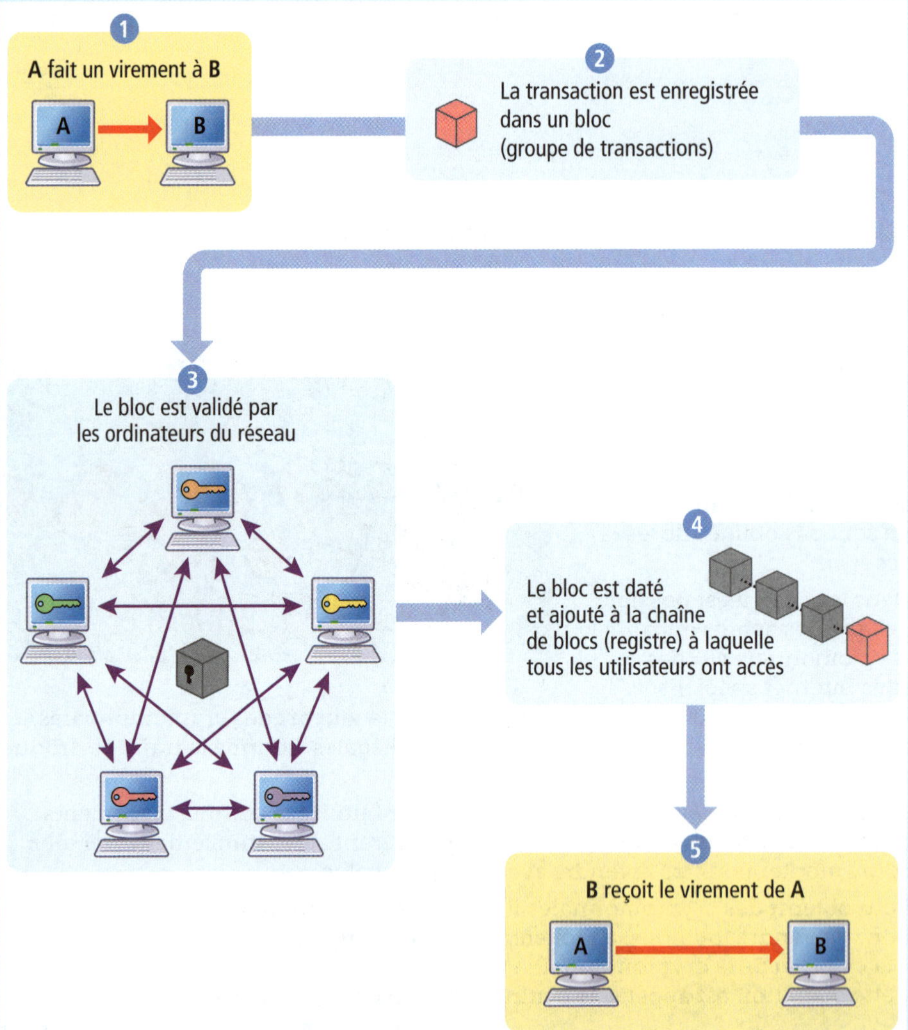

▲ **Le principe de la blockchain.** D'après blockchainfrance.net.

DOC. 4. La volatilité du cours des cryptomonnaies.

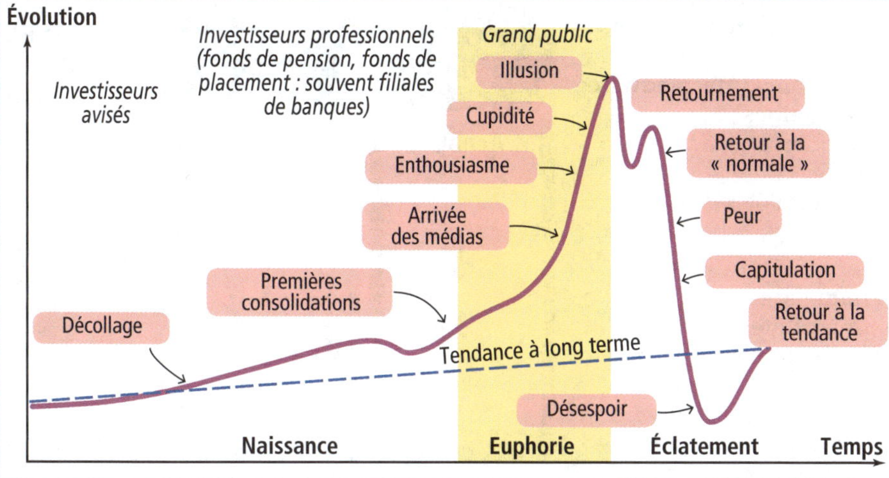

▲ **Évolution d'une bulle spéculative.** D'après Banque de France, ABC de l'économie.

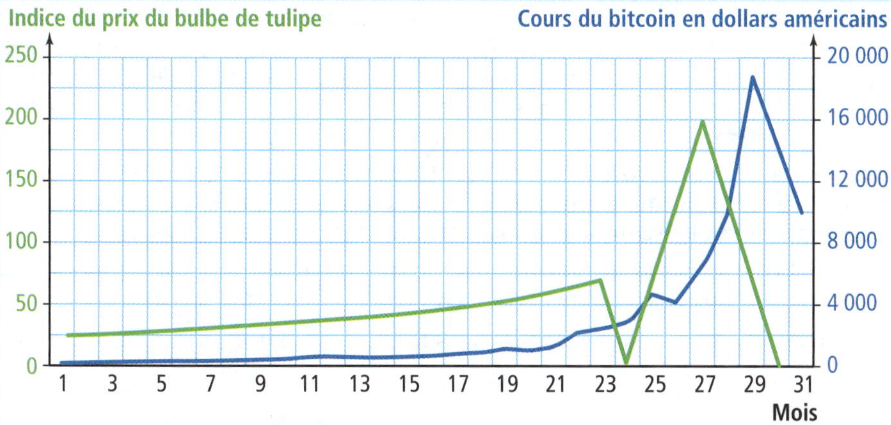

▲ **Comparaison des cours du bitcoin (2015-2018) et du bulbe de tulipe (1634-1637).** D'après Earl Thompson et Bloomberg.

- Comme pour la plupart des actifs, le cours du bitcoin est déterminé par l'offre et la demande. Celles-ci ne semblent pas avoir de lien avec l'économie réelle, mais être essentiellement déterminées par la mode. Keynes considérait d'ailleurs que les agents économiques n'investissent pas suite à des calculs et grâce à une bonne connaissance des marchés, mais plus souvent de manière impulsive, en se fondant sur leurs sentiments ou leur chance.
- Ce type de comportement entraîne une instabilité des cours et peut donner lieu à des bulles spéculatives et des krachs. En comparant l'évolution du cours du bitcoin et celle des tulipes au XVIIe siècle (qui ont connu le premier krach boursier de l'histoire), on relève des similitudes qui font craindre que le cours du bitcoin soit hautement spéculatif et finisse par s'effondrer.

Pour aller plus loin

« Et krach, la tulipe : histoire de la première bulle spéculative », cafedelabourse.com

DOC. 5. Les fonctions de la monnaie et les cryptomonnaies.

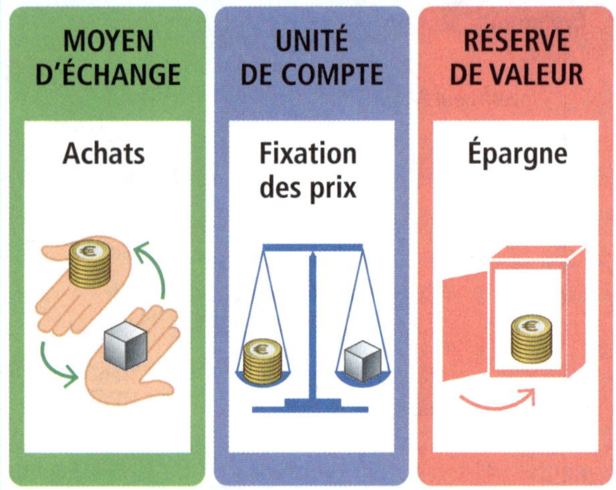

- On considère qu'une monnaie doit remplir **trois fonctions** :
  - la fonction d'**intermédiaire des échanges** ;
  - la fonction d'**unité de compte** ;
  - la fonction de **réserve de valeur**.
- Les cryptomonnaies ne remplissent qu'imparfaitement la fonction d'intermédiaire des échanges, puisque les commerçants peuvent les refuser. Ceux qui les acceptent sont même très rares. Cette imperfection est liée au fait que ces monnaies n'ont pas cours légal.
- Elles ne remplissent pas la fonction d'unité de compte, car les agents économiques qui doivent déclarer leurs revenus ou leur patrimoine à l'État sont obligés de le faire dans la monnaie ayant cours légal dans leur État. Ils font donc leur comptabilité (leurs comptes) dans cette monnaie légale. D'ailleurs, même à titre privé, les individus évaluent habituellement leur fortune ou la valeur d'un bien dans une monnaie ayant cours légal et non en cryptomonnaie.
- Elles peuvent servir de réserve de valeur et les investissements en cryptomonnaie sont un des éléments qui expliquent leur popularité, mais il s'agit d'investissements à risque car ils sont soumis à des variations de cours très importantes.
- Puisque les cryptomonnaies ne remplissent qu'imparfaitement les fonctions de la monnaie, la Banque de France préfère les qualifier de **crypto-actifs**.

D'après « L'émergence du bitcoin et autres crypto-actifs : enjeux, risques et perspectives », publications.banque-france.fr.

Autres ressources possibles

→ **Pour rendre plus vivant votre propos** lors de l'exposé oral, visitez la **Cité de l'économie** ou son **site Internet** afin de dénicher des anecdotes sur les cryptomonnaies.

→ **Lisez également des livres ou regardez des documentaires** sur ce sujet, par exemple :
- D. Ichbiah et J.-M. Lefranc, *Bitcoin et cryptomonnaie pour les nuls*, First Interactive, 2018 ;
- *Cryptopia*, documentaire de T. Hoffmann, 2020.

Documents supplémentaires à retrouver ici.

Le jour J 40 min

Exemple de support

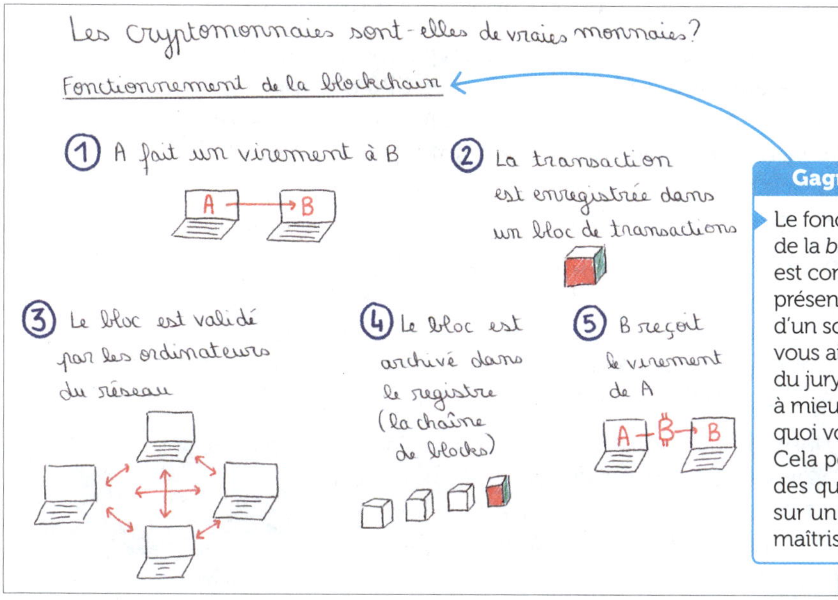

Gagnez du temps

Le fonctionnement de la *blockchain* est complexe. En le présentant sous la forme d'un schéma simplifié, vous aidez le membre du jury non spécialiste à mieux comprendre de quoi vous parlez. Cela peut aussi susciter des questions du jury sur un point que vous maîtrisez.

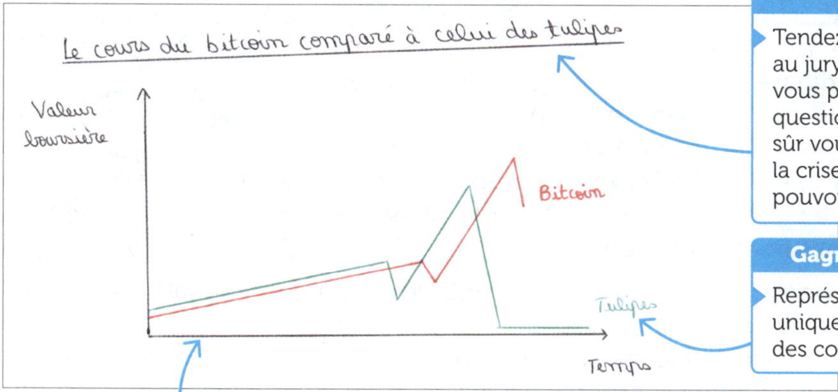

Astuce

Tendez des « perches » au jury pour qu'il vous pose ensuite des questions. Il faut bien sûr vous renseigner sur la crise des tulipes pour pouvoir y répondre !

Gagnez du temps

Représentez uniquement l'allure des courbes.

Bien comprendre

Le support n'a pas pour objectif de répondre à la totalité de la question. Par exemple, il ne présente pas les monnaies digitales de banque centrale, dont vous parlez à l'oral.

Résumé d'un exemple de présentation orale

Attention : le résumé de cette présentation orale dure environ 5 minutes, soit la moitié du temps prévu pour l'exposé oral.

Les cryptomonnaies sont-elles de vraies monnaies ?

Depuis sa création en 2009, le bitcoin, une cryptomonnaie, suscite de nombreuses critiques. J'ai également appris que le G7 et le G20 ont mis en place des groupes de travail pour mettre au point des règles communes relatives aux cryptomonnaies. Comme je m'intéresse à la fois aux questions monétaires et à l'informatique, je me suis demandé ce qui justifiait ces critiques.

Commençons par définir les cryptomonnaies et leur fonctionnement : les cryptomonnaies sont caractérisées par une absence de support physique (ni pièces, ni billets) et ne permettent pas les paiements par chèque ou carte bancaire. Elles n'ont cours légal dans aucun pays.

On peut voir dans l'apparition des cryptomonnaies une réponse au projet hayekien de dénationalisation des monnaies. En effet, elles ne sont pas contrôlables par une entité telle qu'une entreprise, une banque centrale ou un individu.

Toutes les cryptomonnaies reposent sur l'utilisation d'un protocole numérique nommé la blockchain dont j'ai dessiné le schéma simplifié sur le support que je vous montre. Il s'agit d'une base de données qui n'a pas de coordinateur unique, répliquée chez des dizaines de milliers d'utilisateurs. Modifier ou annuler frauduleusement une transaction est presque impossible. Si vous le souhaitez, je pourrai préciser le fonctionnement de cette technique lors de la phase de questions à la suite de cet exposé.

Introduction

Personnalisez votre exposé afin de le rendre le plus vivant possible.

Plan

Faites des transitions qui permettent de rendre votre plan intelligible.

Astuce

Tendez des « perches » au jury pour qu'il vous pose ensuite des questions. Évidemment il faudra préparer la réponse à ces questions et savoir, par exemple, expliquer en quoi consiste ce projet de Hayek et pourquoi il l'a proposé.

Importance du support

Montrez le support au jury pour l'aider à mieux comprendre vos explications.

Selon les gouvernements et les banques centrales, ces cryptomonnaies présentent de nombreux dangers. D'une part, elles sont souvent accusées d'avoir un cours très volatil, ce que j'ai illustré sur le support. D'autre part, les transactions en cryptomonnaies, puisqu'elles sont anonymes, échappent à l'impôt et sont très utilisées par l'économie criminelle. Enfin elles n'offrent aucune garantie de convertibilité avec une monnaie ayant cours légal.

Répondons à présent à la question de savoir si les cryptomonnaies sont de vraies monnaies. Depuis Aristote, on considère qu'une monnaie doit remplir trois fonctions : unité de compte, intermédiaire des échanges, réserve de valeur. Actuellement, aucun État n'accepte qu'une comptabilité soit effectuée en cryptomonnaie. La fortune des propriétaires de cryptomonnaies est d'ailleurs communément exprimée en monnaies ayant valeur légale. Les cryptomonnaies privées ne remplissent donc pas la fonction d'unité de compte.

Les cryptomonnaies n'ont pas cours légal. Un vendeur peut donc les refuser comme moyen de paiement et il est pratiquement impossible d'acheter des produits de la vie courante en cryptomonnaie. Les cryptomonnaies privées ne remplissent donc que très imparfaitement la fonction de moyen de paiement.

Lors de la crise du Covid-19, il y a eu un mouvement d'attrait pour le bitcoin, présenté un temps comme une valeur refuge. Je ne peux que mettre en cause cette vision, puisque le marché des cryptomonnaies est, au contraire, caractérisé pour sa forte volatilité. Le motif principal de détention de cryptomonnaie est en fait la recherche d'une plus-value spéculative à court terme.

En conséquence, dans la mesure où ces monnaies ne remplissent que très imparfaitement les fonctions de la monnaie, mais aussi selon la Banque de France, il vaut mieux les qualifier de « crypto-actifs ».

Intéressons-nous à présent à cette forme particulière de cryptomonnaie que sont les monnaies digitales de banque centrale. J'ai lu sur le site de la BCE que la plupart des banques centrales étudient la création de monnaies digitales qui seraient à parité fixe avec leur monnaie centrale. Il s'agira de « stablecoins », dont le cours devrait normalement être très stable. La BCE elle-même travaille depuis 2009 à la création d'une monnaie digitale de banque centrale au sein d'un groupe de travail regroupant six banques centrales.

Ce projet, appelé Euro digital, sera un stablecoin adossé à l'euro. Il s'agira d'abord d'une monnaie digitale, de transactions interbancaires, mais qui pourra ensuite être à destination du grand public. Les buts visés sont multiples : gagner en efficacité et réduire les coûts de l'intermédiation bancaire ; accompagner l'évolution des pratiques, qui tendent de plus en plus à abandonner les paiements en monnaie fiduciaire ; garantir l'accès à la monnaie légale dans les pays où il est le plus difficile de se procurer des espèces, ce qui permettra de préserver la confiance dans le système financier ; réaffirmer la souveraineté des banques centrales face aux cryptomonnaies privées et de contrecarrer la puissance du dollar.

En conclusion, si les cryptomonnaies privées ne remplissent qu'imparfaitement les fonctions de la monnaie, et ne peuvent donc pas être qualifiées de « vraies » monnaies, les monnaies digitales de banque centrale pourraient remplir toutes ces fonctions. Mais elles ne seraient finalement qu'une nouvelle forme de monnaie adossée aux monnaies scripturales existantes.

Je vous remercie de votre attention.

Personnalisez

N'hésitez pas à donner votre avis.

Connecteurs

Insistez sur les connecteurs afin de montrer au jury la cohérence de votre exposé.

Débit de votre voix

Suivant votre vitesse d'élocution, vous n'aurez pas forcément pas le temps d'évoquer les monnaies digitales de banque centrale. Raccourcissez donc cette dernière partie si nécessaire.

Soyez précis(e) !

Donnez des faits précis, avec une date, pour étayer vos propos.

Ressources à exploiter

Podcast de ce résumé d'exposé en flashant ce QR code.

Exemples de questions pouvant être posées par le jury 10 min

Questions pouvant être posées par un professeur de SES

- Sur le support, pourquoi comparez-vous le cours du bitcoin à celui des tulipes ?
  → Doc. 4. p. 87
- Pouvez-vous nous expliquer en quoi ce krach des tulipes est intéressant ?
  → Doc. 4. p. 87 et Term spécialité SES
- En quoi l'euro digital remplirait-il les trois fonctions de la monnaie ?
  → Doc. 5. p. 88 et 1re spécialité SES
- Qu'est-ce qu'une monnaie fiduciaire ? Qu'est-ce qu'une monnaie scripturale ?
  → 1re spécialité SES
- Quel est le rôle d'une banque centrale ? → 1re spécialité SES
- À quoi correspond l'intermédiation bancaire ? → 1re spécialité SES

Questions pouvant être posées par un professeur d'une autre discipline

- Qui est Hayek et quel est son projet ?
- Vous parlez de parité fixe. Pouvez-vous m'expliquer ce que cela veut dire ?
  → 1re et Term spécialité SES
- Pourquoi les gouvernements sont-ils gênés par l'anonymat des transactions ? Qui est actuellement le (la) Président(e) de la BCE ?
- Pourriez-vous préciser ce qu'est une blockchain ?
- Connaissez-vous un autre domaine d'application de la blockchain ?
- Si on vous proposait d'investir 1 000 euros, quel(s) choix d'investissement feriez-vous ?
- Lors de la discussion, vous avez indiqué vouloir devenir chargé(e) de clientèle dans une banque. Quelles sont les études à suivre ?
- Connaissez-vous les débouchés possibles après avoir suivi un cursus de finances ?
- Parlez-nous de votre intérêt pour l'informatique. Est-ce une filière d'études qui aurait aussi pu vous intéresser ?

À savoir

Le jury peut vous poser des questions sur l'ensemble des programmes de 1re et de Term des deux enseignements de spécialités.

Quelques réponses possibles sur ce QR code.

SUJET 2 SES

Faut-il donner des poupées aux garçons ?

Le contexte

- En France, moins d'une entreprise sur trois est dirigée par une femme et de nombreux métiers apparaissent « genrés », comme réservés à un sexe ou à un autre. Les femmes semblent dominées par les hommes tant du point de vue du métier ou des rémunérations que du partage du travail domestique*.
- D'après de nombreux sociologues, cette inégalité entre hommes et femmes est liée à la manière dont on éduque les garçons et les filles, en leur donnant des rôles et des objectifs différents.

* Pierre Bourdieu, *La domination masculine*, Le Seuil, 1998

DOC. 1. Temps domestique et parental quotidien moyen des hommes et des femmes.

- Sur le long terme, le partage des activités domestiques et parentales entre hommes et femme reste très stable, même si le temps total passé par les hommes augmente légèrement.
- Si le temps consacré aux tâches ménagères diminue progressivement, il reste largement en défaveur des femmes qui y consacrent en moyenne deux fois plus de temps que les hommes.
- Cette répartition est vraie également en ce qui concerne les activités parentales, mais les hommes s'y investissent de plus en plus.

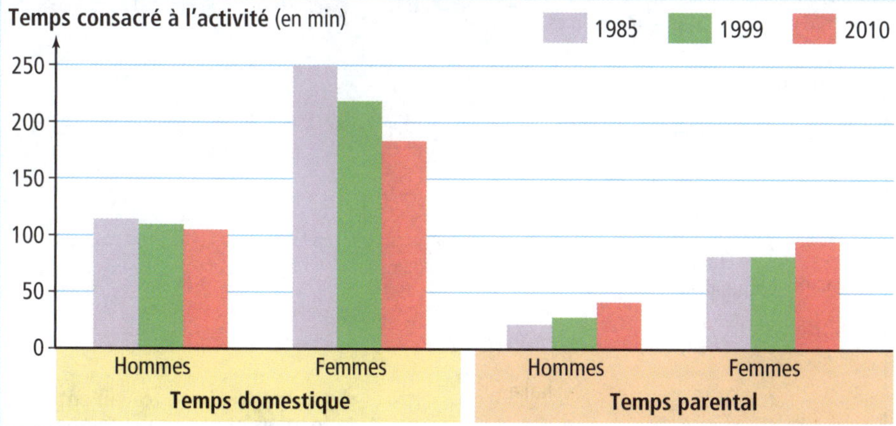

▲ ***Lecture : les hommes passent aux activités domestiques en moyenne 114 minutes par jour en 1985, 110 minutes en 1999 et 105 en 2010.*** Champ : hommes et femmes âgés de 18 à 60 ans, hors ménages complexes. Pour le temps parental, avec un enfant de moins de 18 ans dans le ménage. D'après les enquêtes *Emploi du temps*, INSEE, 1985-86, 1998-99, 2010-11.

Tout au long de l'année

- Dans un premier temps, reprenez vos cours de Première spécialité SES, en particulier le chapitre « Comment la **socialisation** contribue-t-elle à expliquer les **différences de comportement** des individus ? »
- Dans un deuxième temps, lisez vos cours de Terminale spécialité SES, en particulier le chapitre « Quelles **inégalités** sont compatibles avec les **différentes conceptions de la justice sociale** ? »
- Enfin, **consultez des sites Internet** en utilisant les mots-clés : égalité femmes hommes, inégalités femmes hommes, socialisation genrée, socialisation différentiée, socialisation différentielle.

Pour aller plus loin

Recherchez des informations sur les études concernant le genre et les inégalités femmes-hommes.

Ressources utiles

DOC. 2. Inégalités femmes-hommes.

Part des personnes qui consacrent tous les jours au moins une heure à la cuisine et aux tâches domestiques.

D'après une analyse de l'Observatoire des inégalités, « Le partage des tâches domestiques et familiales ne progresse pas », inegalites.fr.

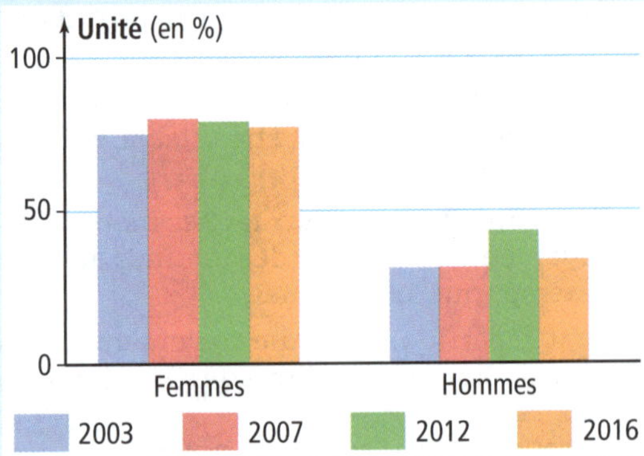

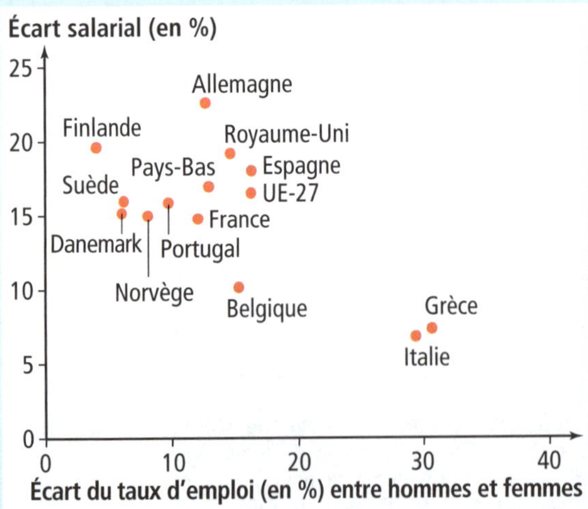

Les inégalités au travail entre femmes et hommes : comparaison européenne. D'après Bozio *et al.*, « Réduire les inégalités de salaires entre femmes et hommes », *CAE*, 17 octobre 2014.

DOC. 3. La perpétuation des stéréotypes de genre à travers la socialisation genrée.

- La socialisation différente des garçons et des filles apparaît comme un élément essentiel de la construction des rôles sociaux différents pour les hommes et les femmes. En effet les parents, de même que la plupart des éducateurs que vont rencontrer les enfants, ne se comportent pas de la même manière avec un garçon ou une fille. Par exemple ils stimulent davantage les garçons sur le plan moteur et donnent des jouets différents aux garçons et aux filles, qui sont en phase avec les métiers considérés comme masculin ou féminin.
- Les modèles que présentent les médias correspondent également souvent aux stéréotypes de genre et viennent renforcer leur inculcation chez les enfants.

D'après « Socialisation genrée : responsable de l'inégalité hommes-femmes ? », lecollectif.ca, 5 décembre 2015.

Pour aller plus loin

V. Rouyer, Y. Mieyaa et A. le Blanc, « Socialisation de genre et construction des identités sexuées », *Revue Française de Pédagogie*, n° 187, avril-mai-juin 2014, journals.openedition.org/rfp/4494

Autres ressources possibles

→ **Pour présenter quelques exemples concrets** lors de l'exposé oral, prêtez attention aux éléments autours de vous (catalogues promotionnels, publicités, articles de presse, etc.) qui corroborent la thèse présentée dans votre exposé.

→ **Pour aller plus loin,** consultez le livre de M. Court, *Corps de filles, corps de garçons : une construction sociale,* La Dispute, 2010.

→ Regardez également le **film** *Billy Elliot* de Stephen Daldry (2000).

✚ Documents supplémentaires à retrouver ici.

Le jour J

40 min

Exemple de support

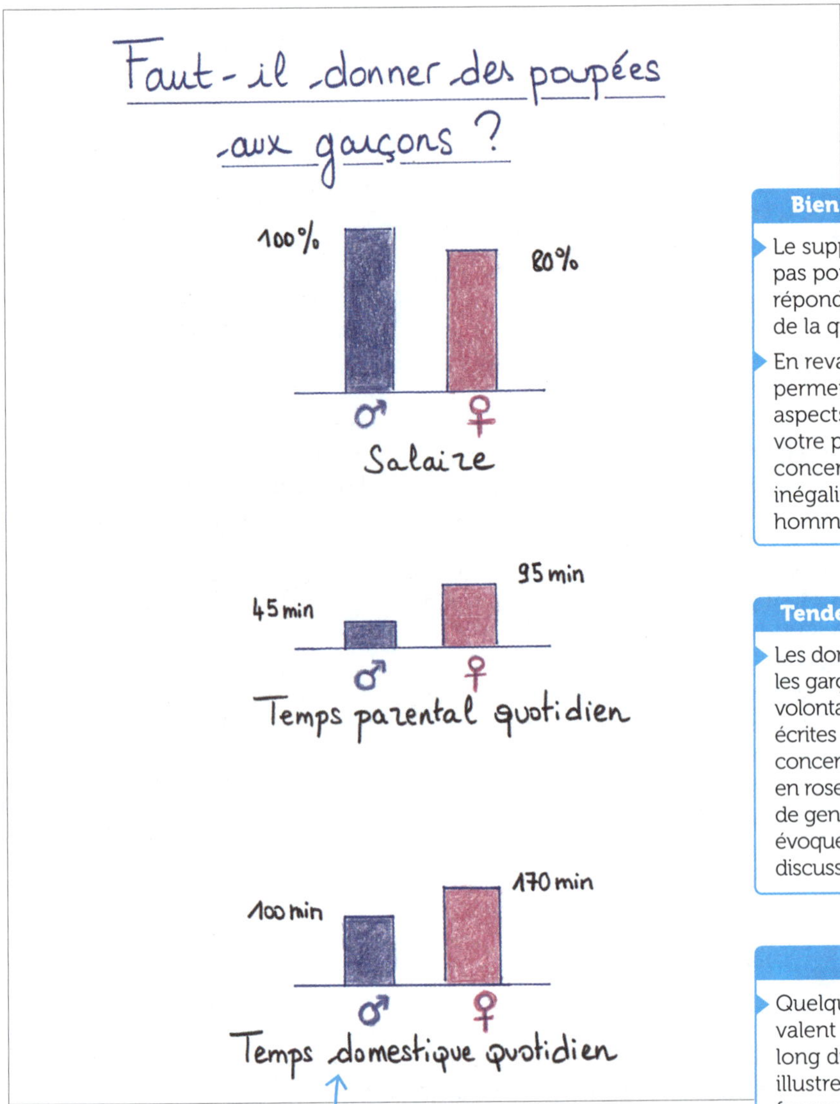

Bien comprendre

- Le support présenté n'a pas pour objectif de répondre à la totalité de la question.
- En revanche, il permet d'illustrer les aspects importants de votre présentation : concernant les inégalités femmes-hommes.

Tendez des perches

- Les données concernant les garçons ont volontairement été écrites en bleu et celles concernant les filles en rose. Ce stéréotype de genre pourra être évoqué lors de la discussion avec le jury.

Astuce

- Quelques schémas valent mieux qu'un long discours pour illustrer les inégalités femmes-hommes.

Gagnez du temps !

- Vos schémas n'ont pas besoin d'être exacts au millimètre, conservez simplement de bonnes proportions.
- N'oubliez pas cependant de leur donner un titre, de préciser la valeur des colonnes et leur unité.

Résumé d'un exemple de présentation orale

Attention : le résumé de cette présentation orale dure environ 5 minutes, soit la moitié du temps prévu pour l'exposé oral.

Faut-il donner des poupées aux garçons ?

Aujourd'hui, en France, le revenu salarial mensuel moyen des femmes est inférieur de 24,5 % à celui des hommes, selon une note du Conseil d'analyse économique. Notre société connaît en effet de fortes inégalités entre hommes et femmes. J'ai décidé de travailler sur ce thème car je trouve que les inégalités doivent être combattues.

Les inégalités de genre apparaissent reliées au rôle social que notre société attribue aux hommes et aux femmes. Dans nos sociétés, les hommes seraient forts, chargés d'apporter la sécurité à leur famille, cette sécurité passant aujourd'hui largement par le fait d'avoir un revenu le plus élevé possible, tandis que les femmes seraient douces et chargées de l'essentiel des tâches domestiques, en particulier l'éducation des enfants. Cette répartition des rôles peut varier d'une société à l'autre selon Margaret Mead.

Introduction

Démarrez avec un argument de fait, incontestable, comme un exemple concret, un sujet d'actualité, etc.

Points importants

Appuyez avec votre voix sur certains termes, faites une pause ensuite, pour leur donner de l'importance.

Astuce

Tendez des « perches » au jury : en citant des auteurs ou des acronymes, le jury aura probablement envie que vous développiez vos connaissances sur ce sujet.

Il semble cependant que la plupart des sociétés opèrent une distinction entre masculin et féminin, et pratiquent une socialisation des enfants différenciée selon leur sexe biologique. La socialisation recouvre l'ensemble des mécanismes sociaux par lesquels les individus sont façonnés, successivement formés et transformés par la société dans laquelle ils vivent. C'est cette socialisation différenciée qui perpétuerait la différence de rôles sociaux attribués aux hommes et aux femmes.

En effet, dès que l'on dépasse l'âge du berceau, les jouets, la manière dont on habille les enfants, les activités proposées, beaucoup d'éléments apparaissent conditionnés par le genre. C'est pour cette raison que j'en viens à me demander s'il faut offrir des poupées aux garçons, ce qui est une manière imagée de se demander si, plus exactement, il faut socialiser les garçons et les filles de la même manière pour mettre fin aux inégalités entre femmes et hommes.

Si la socialisation familiale est fortement genrée, elle n'est pas la seule et d'autres instances de socialisation, comme les médias ou l'école, sont à mettre en cause également. D'une part, l'image que diffusent les médias (cinéma, télévision, mais également livres, bandes dessinées, jeux vidéo, etc.) contribue à forger les esprits sur ce que doivent être les deux catégories de masculin et de féminin, et comment elles doivent se comporter.

D'autre part, j'ai remarqué que certains enseignants et même certaines enseignantes valorisent la conformité scolaire des filles, mais poussent les garçons à

Communication non verbale

Faites à cet instant un sourire et une pause : vous n'êtes pas en train de faire le procès des membres du jury !

être performants. On remarque d'ailleurs que les garçons sont surreprésentés dans les filières d'études scientifiques et techniques, alors que leurs résultats scolaires dans le secondaire ne sont pas meilleurs que ceux des filles.

Ces filières valorisées, qui débouchent sur les emplois les mieux payés et les mieux placés dans la hiérarchie, apparaissent implicitement réservées aux hommes, tandis que les femmes sont plus nombreuses dans les métiers considérés comme « féminins », parce qu'ils se rapprochent des tâches domestiques (soigner, éduquer, nettoyer, etc.).

En conséquence, ces différents éléments de socialisation genrée entraînent des inégalités dans les métiers exercés et dans les rémunérations. On note ainsi l'existence d'un double « plafond de verre ». D'un côté, et malgré l'interdiction de moins payer une femme qu'un homme pour un travail égal, celles-ci touchent en moyenne un salaire inférieur de 24,5 % à celui des hommes. D'un autre côté, elles n'accèdent que rarement aux postes les plus haut placés des entreprises. Néanmoins, l'évolution de l'activité professionnelle des femmes pourrait contribuer à modifier cette inégalité.

Connecteurs

Insistez à l'oral sur les connecteurs afin de montrer au jury la cohérence de votre exposé oral.

Par ailleurs, dans la sphère privée, les femmes assument l'essentiel des tâches domestiques, ce qui a été décrit comme une « double journée de travail » (une professionnelle et une domestique), même si le temps de travail domestique a largement diminué depuis les années soixante avec l'arrivée de nombreux équipements (lave-linge, lave-vaisselle, four à micro-ondes, etc.).

En conclusion, puisque la socialisation genrée participe à perpétuer des inégalités entre les sexes, « donner des poupées aux garçons », ou plus exactement donner la même éducation aux garçons et aux filles, peut contribuer à atténuer les différences de comportement, d'objectif et de conscience de soi. Cependant, il m'apparaît qu'agir seulement sur la socialisation ne suffira pas à établir une égalité entre hommes et femmes.

Conclusion

Annoncez votre conclusion pour lui donner de l'importance.

C'est dans ce sens que le gouvernement français a déployé diverses politiques pour augmenter cette égalité. À partir de 1999, il a ainsi prévu des quotas de femmes pour certains scrutins électoraux et, en 2011, dans les conseils d'administration des grandes entreprises. En 2014, en modifiant les règles d'attribution du congé parental, et en 2020, en allongeant le congé paternité, il a cherché à mieux répartir le temps consacré par les parents à leurs enfants.

J'espère vous avoir convaincus et je suis prêt(e) à répondre à vos questions.

Ressources à exploiter

Podcast de ce résumé d'exposé en flashant ce QR code.

Exemples de questions pouvant être posées par le jury

Questions pouvant être posées par un professeur de SES

- Pouvez-vous définir le processus de socialisation ? → 1re spécialité SES
- Quelles sont les principales instances de socialisation ? → 1re spécialité SES
- Les femmes sont-elles les seules victimes des stéréotypes de genre ? Dans quelle mesure peut-on considérer que les hommes le sont aussi ?
  → Doc. 3 p. 95 et Term spécialité SES
- Pensez-vous que les politiques de quotas sont efficaces pour lutter contre les stéréotypes de genre ? → Term spécialité SES
- Qui était Margaret Mead ? Qu'a-t-elle étudié ?
- Qu'est-ce que la théorie du genre ?
- Qu'est-ce que le plafond de verre ?

Questions pouvant être posées par un professeur d'une autre discipline

- Avez-vous des exemples de sociétés qui ont une répartition des rôles très différente de la nôtre ?
  → 1re spécialité SES
- Quelles études montrent une différence entre les hommes et femmes dans la répartition des tâches ménagères et éducatives ?
  → Doc. 1. p. 93 et Doc. 2. p. 94
- Vous avez parlé d'une diminution des tâches domestiques réalisées par les femmes depuis les années soixante. Pouvez-vous nous en dire plus ? Quelle est l'évolution de la répartition entre hommes et femmes des tâches domestiques et des tâches d'éducation depuis les années soixante ? → Doc. 1. p. 93 et Doc. 2. p. 94
- Citez une ou deux mesures que vous prendriez pour accroître l'égalité femmes-hommes.
- Pouvez-vous nous dire quelques mots des grands courants féministes ?
  → 1re et Term spécialité SES
- Pensez-vous que vos choix de spécialités et d'études sur Parcoursup ont été influencés par des stéréotypes de genre ?
- Vous nous avez dit lors de notre discussion que vous êtes intéressé(e) par la sociologie : connaissez-vous ses débouchés possibles ?

À savoir

Le jury posera forcément des questions permettant de préciser certains points évoqués lors la présentation orale, mais il peut également poser des questions sur l'ensemble des programmes des deux enseignements de spécialités.

+ Quelques réponses possibles en flashant ce QR code.

SUJET 3 HGGSP

Comment préserver le patrimoine culturel des pays en guerre ?

Le contexte

- Au cours du xxe siècle, le phénomène de destruction du patrimoine culturel dans les pays en guerre s'est accentué. Devenu un enjeu à part entière lors des conflits, la destruction du patrimoine culturel est notamment instrumentalisée par les groupes terroristes à des fins politiques et idéologiques.
- Ces atteintes au patrimoine culturel dans les pays en guerre sont fortement médiatisées (destruction des Bouddhas de Bâmiyân en Afghanistan en 2001 ou des monuments archéologiques de Palmyre en Syrie en 2015), interpellant l'opinion publique mondiale et obligeant la communauté internationale à réagir.

DOC.1. L'ONU adopte en 2017 une résolution historique pour la protection du patrimoine culturel.

« [...] le vendredi 24 mars 2017 à New York, devant le Conseil de sécurité des Nations Unies, la résolution 2 347 en faveur de la protection du patrimoine a été adoptée à l'unanimité. C'est la première fois qu'une telle résolution portant exclusivement sur le patrimoine culturel est votée, ce qui montre l'importance de la protection du patrimoine culturel pour la paix et la sécurité.

« La destruction délibérée du patrimoine est un crime de guerre, elle est devenue une tactique de guerre pour mettre à mal les sociétés sur le long terme, dans une stratégie de nettoyage culturel. C'est la raison pour laquelle la défense du patrimoine culturel est bien plus qu'un enjeu culturel, c'est un impératif de sécurité, inséparable de la défense des vies humaines, a déclaré Irina Bokova, directrice générale de l'UNESCO. *Les armes ne sont pas suffisantes pour vaincre l'extrémisme violent. Bâtir la paix passe aussi par la culture ; cela passe par l'éducation, la prévention et la transmission du patrimoine. [...] ».*

Le saccage des cités antiques ravagées par l'organisation État islamique (EI), Ninive, Nimroud, Hatra, de l'ancienne Mésopotamie [...], mais aussi Palmyre [...] ou encore le vieux souk d'Alep, sont une atteinte directe à l'homme dans ses racines, sa mémoire, avec un seul objectif : éradiquer toute trace de civilisation pour un retour littéral au temps de Mahomet.

L'adoption, en 2015, de la résolution 2 199, interdisant le commerce de biens culturels en provenance d'Irak et de Syrie, par une cinquantaine d'États, a renforcé la législation contre le trafic illicite des antiquités. Ces derniers partagent leurs données avec l'Unesco, Interpol, les services de douane, le groupe de travail « Unis Pour Le Patrimoine » afin de démanteler les filières de ce trafic. Lequel finance les réseaux djihadistes, comme celui de l'Organisation État islamique au Proche-Orient, qui incite aux fouilles sauvages et rétribue les pilleurs [...]. »

D'après F. Evin, « Pour l'ONU, la destruction du patrimoine devient un "crime de guerre", *Le Monde*, 24 mars 2017.

Tout au long de l'année

- Dans un premier temps, **lisez vos cours de Terminale spécialité HGGSP** sur la préservation du patrimoine, notamment dans les pays en guerre dans le cadre du thème 4, « Identifier, protéger et valoriser le patrimoine : enjeux géopolitiques ». Dans l'axe 2, le jalon 2 consacré au Mali et à son patrimoine en temps de guerre peut être réinvesti comme exemple. Il est également pertinent de faire le lien avec le programme d'Histoire-Géographie de Terminale, notamment le thème 4 qui étudie différentes formes de conflits dans le monde.
- Puis, consultez des **sites Internet** en utilisant les mots clés : patrimoine culturel et conflits, patrimonialisation ; mémoires ; guerre en Syrie, Irak ou Libye ; destruction patrimoine culturel ; reconstruction patrimoine culturel ; UNESCO.

Pour aller plus loin

Consultez des sites Internet des médias français tels que *Le Monde* ou *Libération,* ainsi que des sites institutionnels comme celui de l'UNESCO ou des Nations Unies. Plusieurs conflits ayant lieu au Moyen-Orient, n'oubliez pas les sites spécialisés (*Les clés du Moyen-Orient,* par exemple).

Ressources utiles

DOC. 2. Un patrimoine culturel saccagé en Irak et en Syrie.

- Depuis le début des guerres en Irak (2003) et en Syrie (2011), de nombreux sites historiques, archéologiques et culturels ont été endommagés.

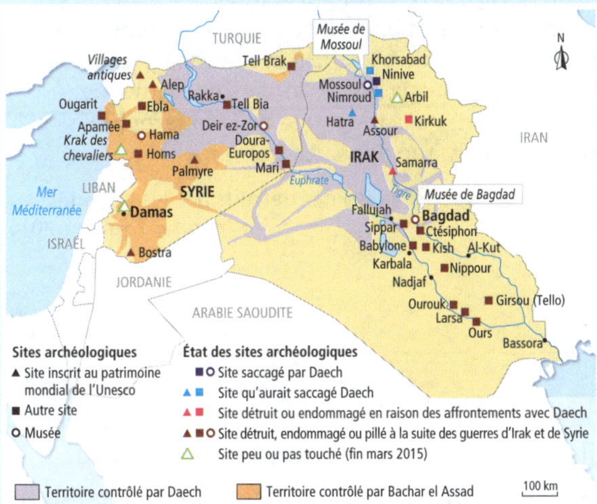

▲ Le temple de Bêl à Palmyre en Syrie (avant/après la destruction par l'Organisation Etat islamique).

D'après O. Thomas, « Un nettoyage culturel », lhistoire.fr, mai 2015.

DOC. 3. Le mausolée d'Alfa Moya à Tombouctou (Mali).

Les ruines du mausolée d'Alfa Moya en janvier 2013, après sa destruction par le groupe terroriste Ansar Dine. ▶

DOC. 4. La reconstruction des mausolées à Tombouctou (Mali).

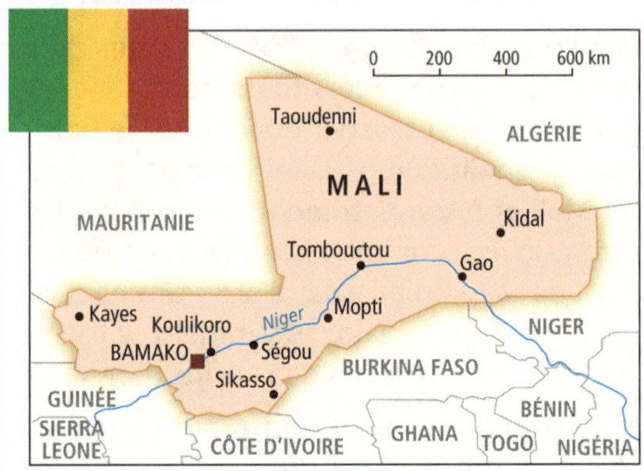

« Plus de trois ans après la destruction des mausolées de Tombouctou par les djihadistes, à coups de pioche, de houe et de burin, la cité légendaire du nord-ouest du Mali a repris la semaine dernière possession de ses sanctuaires, reconstruits à l'identique. C'est au nom de la lutte contre « l'idolâtrie » que le groupe touareg Ansar Dine les avait démolis en 2012. C'est par une cérémonie de sacralisation, avec la lecture intégrale du Coran et prière collective, que s'est achevée le 4 février la patiente œuvre de réhabilitation. « *C'est un symbole fort pour la paix* », s'est félicité Sane Chirfi, représentant de la famille responsable du mausolée Alpha Moya, l'un des tout premiers vandalisés. « *Les mausolées sont des symboles de rassemblement, parce que parmi les saints de Tombouctou, il y a des saints de toutes les ethnies* ». [...] « *Il s'agit de remettre en activité ces monuments-là : que ceux qui avaient l'habitude de les fréquenter puissent revenir se recueillir dans ces mausolées* », a assuré le directeur de cabinet du ministre de la culture Almany Ibrahim Koreissi.

Grâce au savoir-faire traditionnel des maçons de Tombouctou et aux matériaux locaux, les édifices restaurés sont semblables aux originaux. Pour parvenir à ce résultat, les restes des murs ont été récupérés. Les anciennes photos ont été consultées et, la tradition culturelle se transmettant généralement de bouche à oreille, des personnes âgées ont été interrogées avant et pendant les travaux. Après le sacrifice rituel de cinq bœufs tôt dans la matinée, la cérémonie, dans la mosquée de Djingareyber, s'est conclue par la remise des clés aux familles en charge des sanctuaires. »

D'après « Au Mali, Tombouctou retrouve ses mausolées détruits par les djihadistes », *Le Monde*, 7 février 2016.

Autres ressources possibles

- L'UNESCO a établi une liste de cinquante-trois biens faisant partie du patrimoine mondial en péril. À consulter sur le site **whc.unesco.org.**
- L'**Armée française**, par le biais de la Delpat (Délégation au patrimoine de l'armée de terre), et l'ONU, à l'aide de la Minusma (Mission des Nations Unies pour la stabilisation au Mali), s'investissent de plus en plus dans la préservation des biens culturels.
- Pour la première fois, en 2017, un djihadiste malien qui avait ordonné et participé à la destruction des mausolées de Tombouctou a été condamné par la **Cour pénale internationale** à 9 ans de prison pour crime de guerre.

+ Documents supplémentaires en flashant ce QR code.

Le jour J

40 min

Exemple de support

Gagnez des points !

- Assurez-vous de pouvoir **expliquer tous les termes** utilisés : patrimoine, mausolée, Minusma, micro-crédit.

À savoir

- Vous devez savoir **expliquer le conflit au Mali**, ses différents acteurs et ses enjeux.
- La préservation du patrimoine au Mali rencontre des difficultés que vous devez pouvoir expliquer.

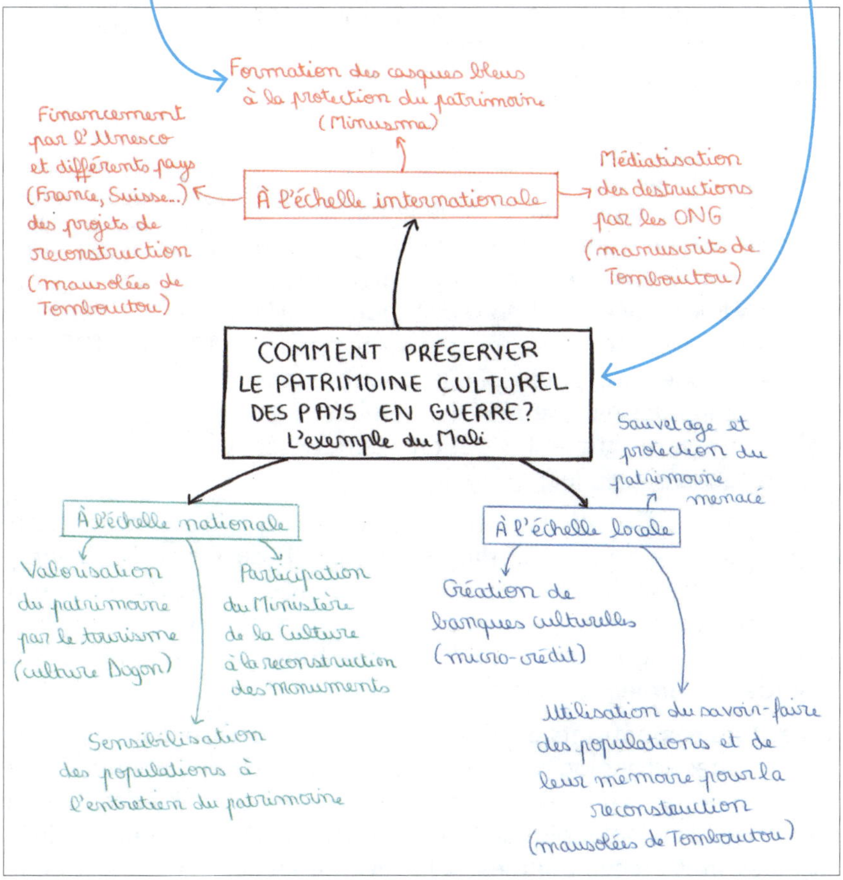

Structure de support

- Le support est présenté sous forme de carte mentale, consacré à un point précis de votre exposé.
- Les **flèches** et les **couleurs** aideront le jury à se repérer dans votre schéma.

Remarque

- Ce support est un peu trop fourni en l'état pour être présenté sur une seule feuille. Les différentes parties de cette carte mentale devront être rédigées sur plusieurs feuilles le jour du Grand oral.

Résumé d'un exemple de présentation orale

Attention : le résumé de cette présentation orale dure environ 5 minutes, soit la moitié du temps prévu pour l'exposé oral.

Comment préserver le patrimoine culturel des pays en guerre ?

En 2015, l'organisation État islamique fait exploser plusieurs temples de la cité syrienne de Palmyre, classée au patrimoine mondial de l'UNESCO, suscitant une vive émotion dans le monde entier. Pour ma part, j'ai pu me rendre compte de l'ampleur des dégâts grâce à une photographie de Joseph Eid prise en 2016, montrant l'amas de gravas qu'est devenu le temple de Bêl. En détruisant les monuments de cette cité antique, symbole du patrimoine culturel syrien, la guerre et notamment le terrorisme endommagent l'héritage à transmettre aux générations futures, qu'elles soient syriennes ou mondiales. L'exemple syrien montre que le patrimoine culturel est devenu un enjeu dans les pays en guerre, le rendant plus vulnérable. Cela m'a donc amené(e) à m'interroger sur les moyens mis en œuvre pour le préserver. Après avoir expliqué, dans un premier temps, les différents dommages provoqués par la guerre sur le patrimoine culturel des pays, je m'intéresserai dans un deuxième temps aux différentes actions entreprises pour le protéger, ainsi qu'à leur efficacité.

Organisez votre introduction

Commencez votre exposé oral par un exemple précis, qui est une illustration pertinente de votre sujet, afin d'accrocher le jury.

Engagez-vous

Expliquez les raisons de votre choix et reformulez votre problématique de manière personnelle.

Annoncez votre plan

Terminez votre introduction par l'énoncé de votre plan.

Dès l'Antiquité, le patrimoine culturel est l'objet de pillages et de destructions lors des guerres. Ce phénomène s'amplifie à partir du XXe siècle. D'une part, le patrimoine culturel subit les dommages collatéraux provoqués par tout conflit. Depuis le début du conflit syrien en 2011, plusieurs bâtiments de la ville d'Alep (la Mosquée des Omeyyades, le souk) ont été fortement endommagés par l'artillerie lourde de l'armée syrienne.

D'autre part, les combattants profitent de la confusion provoquée par la guerre pour piller les sites archéologiques et les musées, puis revendre leur butin au marché noir. Les réseaux criminels profitent de l'intervention américaine en Irak en 2003 et du chaos pour voler plus de 15 000 œuvres d'art dans le musée de Bagdad. Le pillage des sites archéologiques et la revente illégale des objets permettent ainsi à l'organisation État islamique de financer ses actions terroristes. Celles-ci détruisent également volontairement le patrimoine culturel dans un objectif de « nettoyage culturel », expression utilisée par Irina Bokova, alors directrice générale de l'UNESCO, afin de désigner les atteintes au patrimoine ayant pour but de dégrader ou de nier l'héritage du passé de « l'autre » et d'en effacer toute trace.

Tendez des perches

En citant l'UNESCO, vous incitez le jury à vous poser des questions pour préciser vos connaissances sur cette organisation.

Ces destructions peuvent ainsi être mises au service d'une idéologie religieuse intolérante. En 2001, lors du conflit afghan, les Talibans détruisent les bouddhas de Bamiyan pour signifier leur rejet de la culture profane non musulmane.

Comment protéger le patrimoine culturel de ces dangers ? Aussi bien la communauté internationale que les autorités locales et les populations s'impliquent pour préserver les monuments et objets menacés par les guerres. Dès le début de la guerre au Mali en 2012, les habitants de Tombouctou ont sauvé la majorité des manuscrits du XIVe et XVe siècle en les évacuant vers le sud du pays. Par ailleurs, l'ONU s'est également mobilisée dès 1954 par la rédaction de la Convention de La Haye qui interdit l'utilisation des biens et immeubles culturels à des fins militaires. Face à la montée en puissance des exactions à l'encontre du patrimoine culturel, l'ONU a réagi en 2017 par la résolution 2347 qui considère que « toute destruction délibérée du patrimoine est un crime de guerre ». Défendre le patrimoine est devenu plus qu'un enjeu culturel, c'est un impératif de sécurité, inséparable de la défense des vies humaines. En 2017, pour la première fois depuis sa création, la Cour pénale Internationale a rendu un jugement dans le cadre de la protection du patrimoine, en condamnant à 9 ans de prison un djihadiste malien responsable de la destruction des mausolées de Tombouctou.

Source

Ces informations sont issues du site Internet des Nations Unies et peuvent donc être considérées comme fiables.

J'ai pu constater que les mesures prises ont des effets contrastés. Dans bien des cas, elles ne parviennent pas à empêcher les atteintes au patrimoine culturel et peuvent même les exacerber. La patrimonialisation a ainsi des conséquences contraires au but recherché lorsqu'elle entraîne indirectement la destruction des monuments et objets d'art. Par exemple, en juillet 2012, le groupe terroriste Ansar Dine détruit plusieurs mausolées en réaction à la décision de l'UNESCO prise quelques jours plus tôt de classer Tombouctou sur la liste des trente biens culturels du patrimoine mondial en péril. Cependant, des projets de reconstruction sous l'égide de l'ONU et alliant acteurs locaux et internationaux sont des réussites, comme le montre mon support consacré à la préservation du patrimoine culturel malien.

Connecteurs

Les connecteurs vous permettent de structurer votre exposé et ainsi organiser votre pensée.

Support

Faites référence à votre support. Celui-ci approfondit un aspect de votre exposé en développant un exemple. Laissez du temps à votre jury pour qu'il en prenne connaissance lorsque vous lui montrez.

Pour conclure, le patrimoine culturel des pays en guerre est difficile à préserver. De plus, sa destruction complexifie la connaissance des civilisations disparues et suscite des débats sur les modalités et la pertinence de toute reconstruction, que je pourrai vous exposer plus en détail durant la discussion si vous le souhaitez. Mais je n'ose pas imaginer la destruction de monuments que j'ai eu l'occasion de visiter.

Je vous remercie de votre attention et me tiens à votre disposition pour poursuivre l'échange et répondre à vos questions.

Ressources à exploiter

Podcast de ce résumé d'exposé en flashant ce QR code.

Exemples de questions pouvant être posées par le jury

Questions pouvant être posées par un professeur de HGGSP

- Quelle est la différence entre patrimoine et patrimonialisation ? → Term spécialité HGGSP
- Pouvez-vous définir les différents types de patrimoines ? → Term spécialité HGGSP
- À quoi fait référence la notion de « nettoyage culturel » que vous avez citée ? → Doc. 1 p. 100
- Dressez une typologie des différentes formes de conflits dans le monde. Donnez-nous des exemples. → Term spécialité HGGSP
- Quelles sont les différentes actions de l'ONU pour maintenir la paix au Moyen-Orient ? → Term spécialité HGGSP

À savoir

Le jury posera forcément des questions permettant de préciser certains points évoqués lors de la présentation orale, mais il peut également poser des questions sur l'ensemble des programmes des deux enseignements de spécialité.

Questions pouvant être posées par un professeur d'une autre discipline

- Sur quels documents et sources vous êtes-vous appuyé(e) principalement ? → Documents pp. 100-102
- Vous avez parlé de débats autour des modalités et de la pertinence de la reconstruction du patrimoine culturel. Quels sont-ils ?
- Pourquoi est-il nécessaire de préserver un patrimoine culturel ancien ? → Term spécialité HGGSP et Doc. 1 p. 100
- Pouvez-vous citer des monuments français ou mondiaux inscrits au patrimoine mondial de l'UNESCO ou d'autres que vous avez visités et dont vous n'osez imaginer la destruction, comme vous l'avez évoqué en conclusion ? → Term spécialité HGGSP
- Lors de notre discussion après l'exposé oral, vous nous avez dit que vous souhaitiez devenir commissaire-priseur ; connaissez-vous les principales sociétés dans ce domaine ? À votre avis, comment évalue-t-on le prix d'une œuvre d'art ou d'un objet ?
- Vous nous avez indiqué que vous envisagez également de devenir conservateur(trice) du patrimoine, où aimeriez-vous travailler ? Avez-vous visité un musée, un monument, une exposition qui vous a donné envie de travailler dans ce domaine ? Quelle période de l'histoire vous intéresse le plus ?
- Si vous disposiez d'un très gros budget pour protéger le patrimoine en France ou à l'étranger, comment l'utiliseriez-vous ?

+ Exemples de réponses et de questions supplémentaires en flashant ce QR code.

SUJET 4 HGGSP

Faut-il juger les derniers participants aux crimes de guerre nazis ?

Le contexte

- Le 23 juillet 2020, un ancien gardien du camp de concentration du Stutthof, âgé de 93 ans, est condamné par le tribunal de Hambourg (Allemagne) à deux ans de prison avec sursis. Il est reconnu coupable de complicité d'assassinat de 5232 personnes, soit le nombre de déportés tués d'août 1944 à avril 1945, période durant laquelle il a travaillé dans ce camp.
- Le génocide des Juifs et des Tsiganes a été perpétré par les nazis pendant la Seconde Guerre mondiale, il y a plus de 70 ans. Depuis le début des années 2000, la justice allemande multiplie les procès à l'encontre d'anciens nazis accusés de crime contre l'humanité, suscitant des débats autour de la pertinence de cette démarche judiciaire.

DOC. 1. La justice et le génocide des Juifs et des Tsiganes.

« L'histoire du nazisme, et particulièrement celle de la « Solution finale » a d'abord été écrite dans l'ombre portée par la justice qui a fourni archives, qualification des crimes, vocabulaire et grilles d'analyse dont nous peinons à nous dégager. Interminable justice, puisqu'à l'été 2013, il était encore question de juger les derniers nazis encore en vie. Le centre Simon Wiesenthal a en effet lancé à Berlin, Hambourg et Cologne une campagne d'affiches, « *Spät aber nicht zu spät* » (tard, mais pas trop tard), pour débusquer les derniers nazis encore vivants et en état de comparaître devant un tribunal. Selon les articles de presse parus à cette occasion, il y aurait encore 120 nazis vivants dont 60 en état de comparaître. [...] D'avance, le centre Wiesenthal répond en 5 points à diverses objections : le passage du temps ne diminue en rien la culpabilité des tueurs ; le grand âge ne doit pas leur offrir l'immunité ; chaque victime des nazis mérite un effort pour que l'on juge son meurtrier ; l'effort présent est un rappel de l'importance des crimes de l'Holocauste et un avertissement pour les antisémites et les racistes d'aujourd'hui ; ces procès sont utiles dans le combat actuel contre les négationnistes. Il ne répond pas à l'objection majeure formulée par Serge Klarsfeld : quelle justice, alors qu'il n'y a aucun moyen d'administrer la preuve d'éventuels crimes commis il y a près de soixante-dix ans, ni archives, ni témoins ?

Le grand procès de Nuremberg est resté présent comme une référence incontournable en matière de justice transitionnelle et de justice internationale et comme la matrice des premières écritures de l'histoire de la Seconde Guerre mondiale. C'est, avec le procès d'Adolf Eichmann, non seulement un événement en soi, mais aussi un « lieu de mémoire », comme Pierre Nora les a définis : des lieux matériels ou idéels, réinvestis au cours de l'histoire de significations différentes. »

D'après A. Wieviorka, « La justice et l'histoire », *Socio*, n° 3, 2014, pp. 183-197.

Tout au long de l'année

- En Terminale, le thème 3 de la spécialité HGGSP s'intitule **« Histoire et mémoires »**. Pour répondre à votre question, **croisez les leçons de plusieurs chapitres**, comme l'axe 2 « Histoire, mémoire et justice », ainsi que l'objet de travail conclusif consacré à l'histoire et aux mémoires du génocide des Juifs et des Tsiganes. Pour avoir une **bonne connaissance du contexte historique et des notions abordées**, relisez vos cours **d'Histoire de Terminale**, en particulier le thème 1 consacré à la Seconde Guerre mondiale et au génocide des Juifs et des Tsiganes, ainsi que le début du thème 2 sur le procès de Nuremberg.
- Puis, consultez des **sites Internet** en utilisant les mots clés : Shoah, criminels nazis et procès, procès de Nuremberg, Serge Klarsfeld, Anette Wieviorka, mémoire et génocide des juifs et des tsiganes, crime contre l'humanité, crime imprescriptible.

Pour aller plus loin

- Des ouvrages d'historiens ou de témoins à consulter :
  - A. Wieviorka, « La justice et l'histoire », *Socio*, 2014 ;
  - M. B. Vincent (dir.), *La dénazification*, Paris, Perrin, 2008.
- Les médias (*Le Monde*, *Libération*) s'intéressent également au sujet, encore d'actualité.

Ressources utiles

DOC. 2. Article 6 du statut du tribunal de Nuremberg, base juridique de la notion de crime contre l'humanité.

« Le tribunal [...] sera compétent pour juger et punir toute personne qui, agissant pour le compte des pays européens de l'Axe, aura commis, individuellement ou à titre de membre d'organisation, l'un quelconque des crimes suivants : a) les crimes contre la paix [...] ; b) les crimes de guerre [...] ; c) les crimes contre l'humanité, c'est-à-dire l'assassinat, l'extermination, la réduction en esclavage, la déportation et tous autres actes inhumains commis contre toutes les populations civiles, avant ou pendant la guerre, ou bien les persécutions pour des motifs politiques, raciaux ou religieux. [...]

▲ **Le procès de Nuremberg, du 30 novembre 1945 au 1er octobre 1946. Il juge 24 hauts dignitaires nazis pour les crimes commis pendant la Seconde Guerre mondiale.**

Les dirigeants, organisateurs, provocateurs ou complices qui ont pris part à l'élaboration ou à l'exécution d'un plan concerté ou d'un complot pour commettre l'un quelconque des crimes ci-dessus définis sont responsables de tous les actes accomplis par toutes personnes en exécution de ce plan. »

D'après le Statut du Tribunal militaire international adopté par les Alliés lors de la conférence de Londres, le 8 août 1945.

DOC. 3. La justice allemande et la mémoire de la Shoah.

En juillet 2020, Bruno Dey, 93 ans était condamné à deux ans de prison avec sursis pour complicité d'assassinat de 5 232 personnes, soit le nombre de prisonniers dont la mort a été établie de façon certaine pendant la période où il a travaillé comme gardien au camp de concentration du Stutthof, d'août 1944 à avril 1945 [...].

▲ **Bruno Dey, ancien gardien SS au camp de concentration du Stutthof, caché derrière une pochette bleue, lors de son audience au tribunal de Hambourg le 23 juillet 2020.**

Si son procès a eu lieu, c'est grâce à ce qu'on appelle la « jurisprudence Demjanjuk », du nom de cet ancien gardien du camp d'extermination de Sobibor (Pologne), qui, en 2011 à Munich, fut condamné à cinq ans de prison pour complicité d'assassinat de 28 060 Juifs [...]. « *Avant le procès Demjanjuk, les gens ne pouvaient être jugés que pour ce qu'ils avaient fait personnellement. Il fallait des témoins ou des documents les impliquant directement. Depuis, le simple fait qu'une personne ait appartenu à une organisation criminelle suffit pour pouvoir la poursuivre, même si on ne peut pas prouver précisément ce qu'elle a fait elle-même* », explique au *Monde* Serge Klarsfeld, président de l'Association des fils et filles de déportés juifs de France.

Bruno Dey en est l'illustration. Pendant son procès, plusieurs rescapés ont raconté l'enfer qu'ils ont vécu au Stutthof [...] où environ 65 000 personnes ont péri pendant la Seconde Guerre mondiale. [...] Soixante-quinze ans après la fin de la Seconde Guerre mondiale, Bruno Dey sera-t-il le dernier condamné pour les crimes du IIIe Reich en Allemagne ? C'est possible. Selon un récent rapport du Centre Wiesenthal, dont l'une des missions est la traque des anciens nazis, une vingtaine d'enquêtes étaient ouvertes, outre-Rhin, au 1er janvier 2020. Mais l'état de santé des protagonistes, tous âgés de plus de 90 ans, rend leur comparution devant la justice très incertaine. Ces derniers mois, plusieurs sont d'ailleurs décédés. « *Même si tous les procès ne pourront avoir lieu car certains des accusés seront morts avant, il est important que l'Allemagne se montre aujourd'hui déterminée à juger les anciens criminels nazis* », explique Serge Klarsfeld. « *C'est la preuve que la société allemande a changé, et que les générations actuelles sont prêtes à regarder le passé en face* », poursuit l'avocat.

D'après T. Wieder, « La justice allemande se penche sur les seconds rôles », *Le Monde*, 25 juillet 2020.

Autres ressources possibles

→ Les sites Internet du **Musée des États-Unis du mémorial de l'Holocauste** et du **Mémorial de la Shoah** recèlent de nombreuses ressources en français.
→ **ushmm.org ; memorialdelashoah.org**

→ *Procès d'un bourreau* (2019), le documentaire de Y. Bloch et D. Sivan, est consacré au gardien nazi de Sobibor J. Demjanjuk. → **netflix.com**

Documents supplémentaires en flashant ce QR code.

Le jour J

40 min

Exemple de support

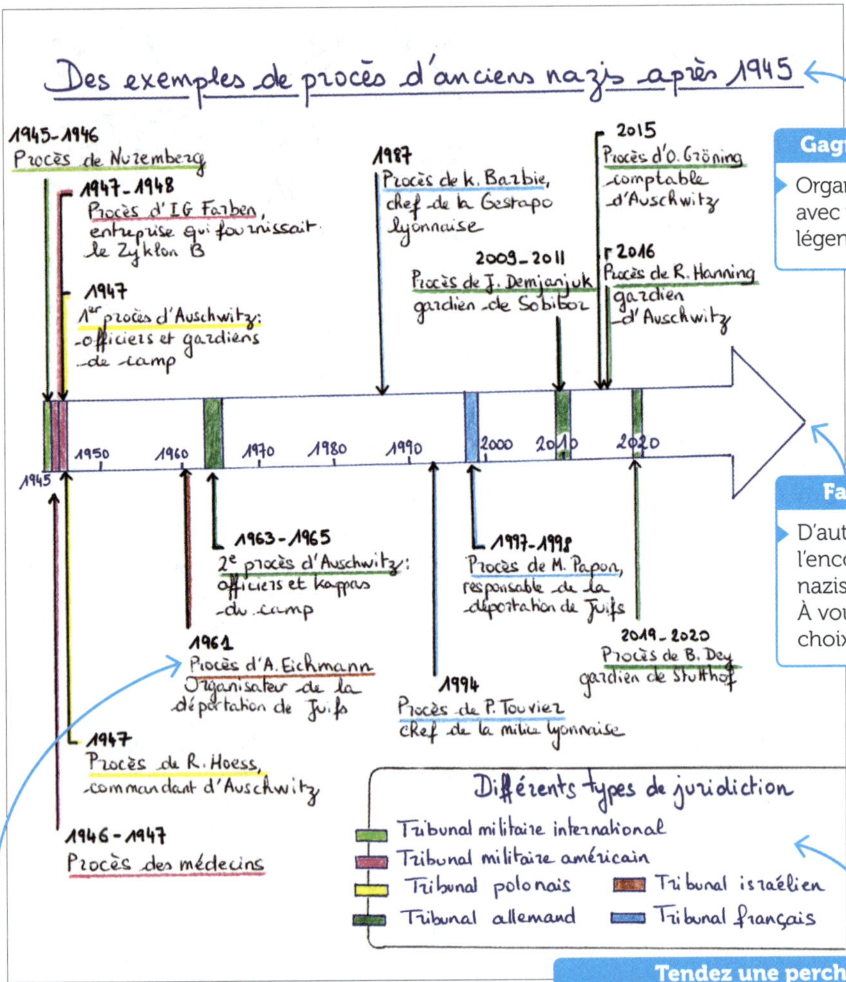

Gagnez des points !

Organisez votre support avec un titre, une légende et des couleurs.

Faites des choix

D'autres procès à l'encontre d'anciens nazis ont eu lieu.
À vous de justifier vos choix face au jury.

Tendez une perche au jury

Vous pouvez décider de ne pas écrire cette légende sur votre support. Cela incitera peut-être le jury à vous demander pourquoi vous avez choisi de rédigez votre support avec différentes couleurs et vous pourrez alors lui expliquer oralement la légende choisie.

À savoir

Le jury peut vous interroger plus particulièrement sur certains procès, comme ceux de Nuremberg ou d'Adolf Eichmann.

Remarque

Ce support est trop fourni pour être bien lisible par le jury sur une seule feuille. Rédigez cette frise sur trois feuilles différentes pour pouvoir écrire le plus gros possible. Par exemple, le début de la frise entre 1945 et 1950 sera être présenté sur une première feuille tandis que les périodes 1950-2000 et 2000-2020 seront détaillés sur une deuxième et une troisième feuille.

Résumé d'un exemple de présentation orale

Attention : le résumé de cette présentation orale dure environ 5 minutes, soit la moitié du temps prévu pour l'exposé oral.

Faut-il juger les derniers participants aux crimes de guerre nazis ?

En juillet 2020, un ancien gardien du camp de concentration de Stutthof, âgé de 93 ans, est condamné à deux ans de prison avec sursis par le Tribunal de Hambourg pour son implication dans le génocide des Juifs pendant la Seconde Guerre mondiale. L'âge de l'accusé et l'ancienneté des faits reprochés m'ont amené à m'interroger sur la pertinence de juger aujourd'hui les derniers participants aux crimes de guerre nazis. Après avoir expliqué dans une première partie comment les criminels de guerre nazis ont été poursuivis par la justice dès 1945, j'analyserai dans les deux parties suivantes les arguments contradictoires du débat suscité par les actuelles actions menées par la justice.

Introduction

Débutez votre exposé en vous appuyant sur un exemple en lien avec votre sujet et vous permettant d'expliquer votre choix.

Dès 1945, les alliés créent à Nuremberg un Tribunal International qui juge vingt-quatre hauts dignitaires nazis (Hermann Göring, Joachim von Ribbentrop, etc.), accusés de plusieurs crimes, dont celui de crime contre l'humanité, nouvellement défini. Considéré comme fondateur du Droit international, le procès de Nuremberg est suivi de 1946 à 1950 de procès de médecins, d'industriels, d'officiers, dans le cadre de la dénazification des deux Allemagne. Les juridictions diffèrent, comme indiqué avec les différentes couleurs de la frise dessinée sur le support que je suis en train de vous montrer. Les ouvrages d'histoire que j'ai lus montrent que le processus judiciaire est limité. D'une part, sur les 8,5 millions d'Allemands membres du parti nazi, beaucoup exercent des métiers essentiels à la reconstruction du pays tels que juges, médecins ou fonctionnaires et ne sont soit pas poursuivis, soit amnistiés. D'autre part, la Guerre froide interrompt la dénazification. Enfin, de nombreux criminels nazis changent d'identité ou s'exilent. Néanmoins, des « chasseurs de nazis », comme Simon Wiesenthal ou les époux Klarsfeld, œuvrent pour retrouver des responsables de la Shoah et les traduire en justice : Adolf Eichmann en 1961, Klaus Barbie en 1987 ou Maurice Papon en 1997. Mais, les procès de criminels nazis sont dans l'ensemble peu nombreux. En 2002, le Centre Simon Wiesenthal et les « Opérations de la dernière chance » relancent la traque d'anciens nazis, multipliant les procès.

Gagnez des points !

Réinvestissez les notions étudiées dans la spécialité HGGSP et sachez les expliquer au jury s'il vous pose des questions.

Support

Votre support permet d'illustrer vos propos avec plus de précision. Quand vous le montrez au jury, laissez le temps au jury d'en prendre connaissance.

Sources

Vous tendez une « perche » au jury qui pourra vous demander quelques titres et auteurs d'ouvrages consultés.

De ce fait, j'ai constaté que des accusés très âgés se retrouvent aujourd'hui devant la justice allemande. Ainsi, un des derniers gardiens du camp d'extermination d'Auschwitz a été condamné à 5 ans de prison en 2016

Connecteurs

Les connecteurs logiques structurent l'organisation de votre exposé oral.

à l'âge de 94 ans. Pour les détracteurs de ces procès, comme Serge Klarsfeld, les principes d'une justice équitable ne sont pas respectés. Très jeunes au moment de la guerre, les accusés avaient des fonctions subalternes et il n'existe pas de preuve de leur implication directe pour les faits reprochés. Peu nombreux, les témoins sont également très âgés avec une mémoire souvent défaillante. Pourtant, ces anciens nazis sont aujourd'hui jugés plus sévèrement que des auteurs avérés de crimes qui n'ont pas été poursuivis de leur vivant, comme les médecins du camp de Stutthof ayant pratiqué des expériences sur les déportés. Depuis le procès Demjanjuk en 2009, toute personne ayant appartenu à une organisation criminelle peut désormais être mise en accusation, même si elle n'est pas impliquée personnellement dans les faits reprochés. Les opposants à ces procès considèrent surtout que la justice allemande tente de faire oublier son laxisme dans la recherche des nazis après 1945. Pour d'autres, c'est le signe que la société allemande a pris conscience des crimes commis et les assume.

Astuce

Vous tendez une autre « perche » au jury qui pourra vous demander d'en dire plus sur Serge Klarsfeld.

La justice allemande justifie aussi ces procès par sa volonté de ne pas laisser impunis les crimes nazis et ce jusqu'à la disparition des dernières personnes impliquées. Pour le procureur de Dortmund Andreas Brendel, « l'âge n'a pas d'importance ». La vieillesse n'exclut pas la responsabilité de ces anciens nazis accusés de crimes contre l'humanité, imprescriptibles. Il leur est reproché de ne pas avoir refusé d'obéir à des ordres criminels et d'avoir ainsi contribué au génocide des Juifs et des Tsiganes. Avec ces procès, la justice allemande souhaite honorer la mémoire des victimes et compléter la recherche historique sur le système concentrationnaire nazi. Elle y trouve également un moyen de lutter contre le négationnisme et l'antisémitisme en résurgence dans le pays. Il s'agit enfin de servir d'exemple à la justice internationale afin qu'elle poursuive les responsables des crimes perpétrés sous les régimes totalitaires ou lors des génocides contemporains tels qu'au Rwanda ou en ex-Yougoslavie.

Gagnez des points !

Grâce à ces exemples, vous faites le lien avec les Jalons étudiés dans le cadre du Thème 3 de la spécialité HGGSP de Terminale. Le jury sera incité à vous interroger sur ces conflits.

En conclusion, ces procès permettent à la société allemande d'assumer les actes commis par les nazis pendant la Seconde Guerre mondiale, même si les sentences sont critiquées pour leur valeur surtout symbolique. Pour ma part, il me semble indispensable que la justice poursuive son action et sensibilise les nouvelles générations aux génocides d'hier et d'aujourd'hui. Nationale ou internationale, la justice permet certes d'établir les responsabilités des coupables mais aussi de construire l'histoire et la mémoire de ces crimes.

Gagnez des points !

Dans la conclusion, n'hésitez pas à donner votre avis afin d'inciter le jury à vous poser des questions lors de la discussion.

C'est notamment pour cette raison que j'ai décidé d'entamer des études de droit à la rentrée prochaine afin de devenir avocat(e).

Je vous remercie de votre attention.

Ressources à exploiter

Podcast de ce résumé d'exposé en flashant ce QR code.

Exemples de questions pouvant être posées par le jury

Questions pouvant être posées par un professeur de HGGSP

- Pouvez-vous définir les termes de crime contre l'humanité, génocide, crime imprescriptible et dénazification ? → Term spécialité HGGSP
- Expliquez la différence entre les camps de concentration et les camps d'extermination. → Doc. 3 p. 109
- En quoi le Tribunal pénal international pour l'ex-Yougoslavie chargé de juger les crimes commis pendant la guerre en ex-Yougoslavie est-il l'héritier du tribunal de Nuremberg ? → Term spécialité HGGSP
- Comment expliquez-vous la reconnaissance tardive d'une mémoire du génocide Tsigane ? → Term spécialité HGGSP
- Quelles sont les différentes formes de violences de masse perpétrées durant la Seconde Guerre mondiale ? → Term Histoire-Géographie
- Expliquez les causes et le déroulement du génocide rwandais. → Term Histoire-Géographie
- Quelles sont les actions de l'ONU sous le mandat de Kofi Annan ?→ Term spécialité HGGSP

À savoir

Le jury posera forcément des questions permettant de préciser certains points évoqués lors la présentation orale ou relatifs à la spécialité HGGSP. Mais il pourrait également poser des questions sur l'ensemble du programme d'Histoire-Géographie de Terminale.

Questions pouvant être posées par un professeur d'une autre discipline

- Pourquoi avez-vous évoqué les « deux Allemagne » ? → Term Histoire-Géographie
- Parlez-nous du procès de Klaus Barbie (ou de celui d'Adolf Eichmann). → Term spécialité HGGSP
- Selon vous, pourquoi les crimes contre l'humanité sont-ils imprescriptibles alors qu'aucun autre crime ne l'est ? → Term spécialité HGGSP
- Comment combattre les *fake news* ? → 1re spécialité HGGSP
- Si vous parvenez à devenir avocat(e), pourriez-vous défendre une personne accusée de crime contre l'humanité ?
- Dans quel domaine du Droit aimeriez-vous vous spécialiser ?
- Vous souhaitez peut-être suivre des études d'Histoire en cas d'échec en Droit ; quelles sont les périodes historiques qui vous intéressent particulièrement ? Pourquoi ?

+ Exemples de réponses et de questions supplémentaires en flashant ce QR code.

SUJET 5 MATHS

Comment calculer ses chances de gagner dans un jeu de hasard ?

Le contexte

- Depuis le XIXe siècle, en France, les jeux de hasard sont interdits. Cette interdiction de principe est fondée sur une loi de 1836, qui proscrit les loteries et toute opération susceptible de faire naître auprès du public l'espoir d'un gain obtenu grâce au « hasard ». Depuis la création de la Loterie nationale en 1933, à l'initiative des « gueules cassées », L'État a accordé des droits exclusifs à la Française des jeux, au Pari mutuel urbain, à l'Agence nationale des jeux et aux casinos.
- Ce secteur économique concerne plusieurs dizaines de milliers d'emplois, directs et indirects, et génère un chiffre d'affaires de plus de 10 milliards d'euros. Cependant, c'est également un enjeu médical et sociétal, puisque les jeux d'argent sont considérés comme addictifs et coûteux pour les familles.

DOC. 1. Les problèmes liés aux jeux d'argent.

- Les activités liées aux jeux d'argent « problématiques » sont souvent accompagnées de perceptions négatives (par le joueur et par des tiers) et de conséquences financières et psychologiques parfois dramatiques.

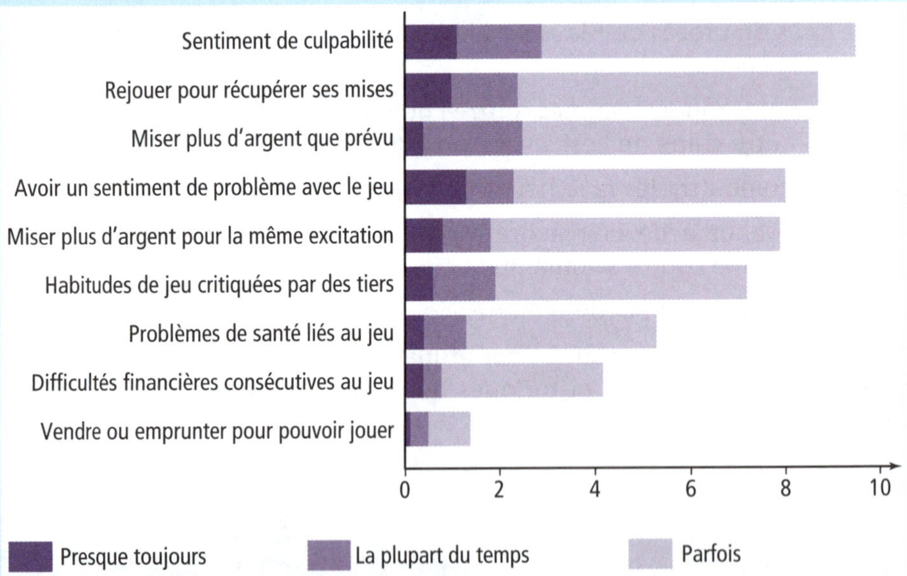

▲ **Fréquence de rencontre des critères du jeu problématique parmi les joueurs actifs âgés de 18 à 75 ans (en %).**

Source : Baromètre santé, module Jeux de hasard et d'argent, INPES/OFDT

Tout au long de l'année

- Dans un premier temps, **lisez vos cours de T^{erm} spécialité Mathématiques** sur le **dénombrement** et la **combinatoire**, en particulier ce qui concerne le principe multiplicatif et les combinaisons.
- Cherchez sur Internet quelques **jeux de hasard** afin de comprendre précisément comment ils fonctionnent, puis imaginez les règles d'un ou deux jeux qui vous permettront d'illustrer ces principes mathématiques.
- Enfin, **consultez des sites Internet** utilisant les mots clefs : jeux de hasard et mathématiques, jeux de hasard et probabilité, produit cartésien.

Pour aller plus loin

- Recherchez des informations sur l'addiction aux jeux d'argent chez les jeunes, en particulier les paris sportifs et les jeux de poker en ligne.
- Explorez d'autres jeux de hasard qui pourraient être évoqués lors de l'entretien.

Ressource utile

DOC. 2. Quelques jeux de hasard.

- Les jeux de hasard font partie des jeux de société préférés des Français. Joués en famille ou dans des salles des fêtes, ils intéressent toutes les générations.

Autres ressources possibles

→ **Utilisez d'autres notions de probabilités** pour effectuer le calcul des probabilités de gagner pour un autre jeu de « hasard ».

→ **Modifiez les règles des jeux proposés** et intéressez-vous à l'impact de ces changements sur les probabilités de gagner :
- proposez une grille dans laquelle figurent moins de numéros ;
- proposez une même grille, mais pour laquelle il faut trouver davantage de numéros pour gagner.

→ Imaginez un jeu analogue, avec une grille de départ qui comporte moins de numéros, mais dans lequel l'**ordre de sortie des numéros** serait pris en compte pour gagner.

Le jour J

40 min

Exemple de support

Comment calculer ses chances de gagner dans un jeu de hasard ?

Le jeu 1

Grille

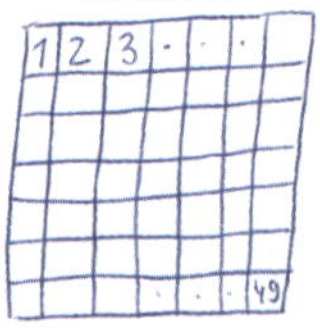

← On coche 5 numéros

$E = \{1 ; 2 ; 3 ; \dots ; 49\}$

$\binom{49}{5}$ choix = 1 906 884 choix

$F = \{1 ; 2 ; 3 ; \dots ; 10\}$

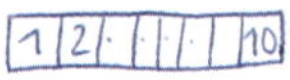

← On coche 1 numéro

$\binom{10}{1}$ choix = 10 choix

Principe multiplicatif : $\binom{49}{5} \times \binom{10}{1}$ = 19 068 840 grilles possibles

1 seule de ces grilles rapporte le gros lot, donc $p = \frac{1}{19\ 068\ 840}$

Bien expliquer

Quand on coche 5 numéros dans une grille, il n'y a pas de répétition : on ne coche pas deux fois le même numéro.

Gagnez des points !

Maîtriser les termes utilisés : cocher 5 numéros, c'est choisir un sous-ensemble à 5 éléments distincts de E, c'est donc choisir une **combinaison** à 5 éléments de E.

Le jeu 2

Grille

← On coche 5 numéros

$E' = \{1 ; 2 ; 3 ; \dots ; 50\}$ et $F' = \{1 ; 2 ; \dots ; 12\}$

$\binom{50}{5} \times \binom{12}{2}$ = 139 838 160 grilles possibles

← On coche 2 numéros

Donc $p' = \frac{1}{139\ 838\ 160}$

Piège à éviter...

Le principe multiplicatif n'est pas appliqué au produit cartésien E × F, mais à A × B, avec A : ensemble des combinaisons à 5 éléments de E et B : ensemble des combinaisons à 1 (ou 2) élément(s) de F.

Résumé d'un exemple de présentation orale

Attention : le résumé de cette présentation orale dure environ 5 minutes, soit la moitié du temps prévu pour l'exposé oral.

Comment calculer ses chances de gagner dans un jeu de hasard ?

« Selon une enquête, publiée sur le site de l'Observatoire français des drogues et des toxicomanies, 47,2 % des français ont joué au moins une fois à un jeu d'argent et de hasard au cours de l'année écoulée. Par exemple, certains membres de ma famille sont des joueurs réguliers. Cela m'a donné l'idée de m'interroger sur les jeux de hasard et le calcul des chances de gagner à ces jeux, d'autant plus que cela fait appel à des notions de Terminale en spécialité Mathématiques : le dénombrement et la combinatoire.

Gagnez des points !

Pensez à citer vos sources : site Internet, institut d'études, etc. Cela illustre un travail sérieux et documenté, ce qui sera apprécié par le jury.

Introduction

Expliquez votre intérêt pour la question que vous présentez lors du Grand oral.

J'ai donc imaginé un premier jeu, de type loto, que j'appellerai le jeu numéro 1.

Supposons qu'un carton de ce jeu soit composé de deux grilles : l'une de 49 numéros, de 1 à 49 ; et l'autre de 10 numéros, de 1 à 10. J'ai schématisé ces grilles sur le support que je suis en train de vous montrer. Pour jouer, il faut cocher 5 numéros dans la première grille et 1 numéro dans la seconde. Le joueur gagne lorsque les 6 numéros cochés sont corrects. D'un point de vue mathématique, si je note E l'ensemble des entiers naturels de 1 à 49, alors cocher 5 numéros dans la première grille revient à choisir un sous-ensemble de E à 5 éléments, autrement dit, une combinaison à 5 éléments de E.

Astuce

Montrez votre support au jury pour l'aider à mieux comprendre votre raisonnement.

Soyez précis(e)

Montrez que vous maîtrisez les notions travaillées durant l'année lors de l'enseignement de la spécialité Mathématiques.

Pourquoi une combinaison ? Parce que l'ordre dans lequel les numéros sont cochés n'a pas d'importance et on peut noter en plus qu'il n'y a pas de répétition. Or, d'après une propriété du cours, le nombre de combinaisons à 5 éléments pris dans un ensemble à 49 éléments est : « 49 combinaison 5 », c'est-à-dire « factorielle 49 divisé par le produit factorielle 5 factorielle 44 » soit 1 906 884 choix.

Concernant la seconde grille, en tenant le même raisonnement et en posant F l'ensemble des entiers naturels de 1 à 10, je constate que cocher 1 numéro de cette grille revient à choisir une combinaison à 1 élément de F. Et d'après la même propriété, le nombre de combinaisons à 1 élément pris dans un ensemble à 10 éléments est : « 10 combinaison 1 », c'est-à-dire 10 choix.

Pour en déduire le nombre total de choix, je dois introduire deux nouveaux ensembles. Je note A l'ensemble des combinaisons à 5 éléments de E (je vous rappelle que A contient 1 906 884 éléments) et je note B l'ensemble des combinaisons à 1 élément de F (B contient lui 10 éléments, les entiers de 1 à 10). Le remplissage d'un carton du jeu numéro 1, coché avec les 6 numéros, revient donc à prendre un élément du produit cartésien A × B. Or, d'après une propriété du cours appe lée principe multiplicatif, le nombre d'éléments du produit cartésien A × B est égal au produit du nombre d'éléments dans A et du nombre d'éléments dans B. J'en déduis que le nombre de choix possibles, c'est-à-dire le nombre de cartons de jeu différents est 1 906 884 × 10, c'est-à-dire 19 068 840.

Parmi tous ces cartons possibles, un seul est gagnant. La probabilité qu'un joueur gagne grâce à son carton est donc de 1 sur 19 068 840 (de l'ordre de 5×10^{-8}).

Imaginons maintenant un autre jeu du même type, que j'appellerai le jeu numéro 2.

Faites des pauses !

Laissez des silences d'une ou deux secondes entre les différents paragraphes, votre exposé sera plus compréhensible.

Supposons qu'un carton de ce jeu soit encore composé de deux grilles : l'une de 50 numéros, de 1 à 50 et l'autre de 12 numéros, de 1 à 12. Pour remplir un carton, un joueur doit cocher 5 numéros dans la première grille et 2 numéros dans la seconde. Le joueur gagne lorsque les 7 numéros cochés sont corrects.

J'utilise le même raisonnement et j'en déduis que le nombre de cartons différents est égal au nombre de combinaisons à 5 éléments parmi 50 multipliée par le nombre de combinaisons à 2 éléments parmi 12. J'obtiens 139 838 160. Comme un seul de tous ces cartons permet de gagner, la probabilité qu'un joueur gagne grâce à son carton est donc de 1 sur 139 838 160 (soit environ 7×10^{-9}).

Pour finir, je constate que le gain du gros lot à certains jeux de hasard continue de faire rêver, malgré les probabilités extrêmement faibles. C'est vrai qu'il y a le plaisir de jouer, mais plusieurs enquêtes de santé publique ont été réalisées : sans surprise, certaines données, que je pourrai vous détailler si vous le souhaitez, mettent malheureusement en évidence une addiction importante de certains Français, avec des conséquences psychologiques et économiques désastreuses pour les joueurs et leur famille.

Connecteurs

Insistez sur les connecteurs lors de votre exposé oral afin de faire comprendre au jury quand vous commencez votre conclusion par exemple.

Enfin, toutes les recherches que j'ai menées pour répondre à cette question m'ont permis de comprendre l'importance des statistiques dans notre vie quotidienne. Cela m'a donc donné envie de faire des études pour devenir statisticien(ne) ou actuaire.

Je vous remercie de m'avoir écouté(e).

Ressources à exploiter

Podcast de ce résumé d'exposé accessible par ce QR code.

Exemples de questions pouvant être posées par le jury

Questions pouvant être posées par un professeur de mathématiques

- Pourriez-vous nous donner la définition du mot dénombrement ?
  → Term spécialité Mathématiques
- Connaissez-vous un mathématicien dont le nom est associé au dénombrement ?
  → Term spécialité Mathématiques

- Pourriez-vous nous donner un autre exemple d'application du dénombrement dans la vie courante ?
  → Term spécialité Mathématiques
- Vous avez évoqué le principe multiplicatif, pourriez-vous nous dire quelques mots sur le principe additif ? Vous pouvez le faire à partir d'un exemple.
  → Term spécialité Mathématiques
- Pouvez-vous expliquer la différence entre un *k*-uplet d'un ensemble E à *n* éléments et une combinaison à *k* éléments de E ? Vous pouvez le faire à partir d'exemples. → Term spécialité Mathématiques
- Imaginons deux jeux tels que vous les proposez. Le premier comporte une grille de 1 à 20 et pour gagner, il faut choisir 2 bons numéros. Le second comporte une grille de 1 à 100 et pour gagner, il faut choisir 10 bons numéros. Lequel de ces deux jeux permet de gagner plus facilement ? → Term spécialité Mathématiques

Mettez en avant vos connaissances

Ne vous contentez pas de la présentation orale que vous allez proposer : creusez un peu le sujet (son aspect mathématique, sa place dans la société, son histoire, son actualité, etc.) et n'hésitez pas à illustrer vos réponses grâce à ces connaissances.

Questions pouvant être posées par un professeur d'une autre discipline

- Quel jeu choisiriez-vous si vous deviez choisir l'un des deux jeux que vous proposez ? Et pourquoi ?
- Connaissez-vous des mesures prises par l'État pour lutter contre l'addiction aux jeux de hasard ?
- Connaissez-vous d'autres jeux de hasard que l'on peut modéliser grâce à un autre raisonnement et en utilisant d'autres notions de probabilités ?
- Quels sont les aspects néfastes des jeux d'argent et de hasard ?
- Quel lien faites-vous entre la question que vous avez traitée et le métier de statisticien(ne) que vous avez évoqué dans votre exposé ?
- Quand on évoque le métier de statisticien(ne), on pense à des organismes tels que l'INSEE. Avez-vous pris des renseignements sur le site de l'INSEE, par exemple, ou sur celui d'un autre organisme de statistiques ?
- Concernant le métier d'actuaire, quels sont les différents parcours d'études qui peuvent vous mener à ce métier ?
- Avez-vous pu discuter avec des actuaires afin qu'ils vous expliquent en quoi consiste leur quotidien ?

Gagnez des points !

Préparez-vous à répondre à des questions hors du cadre mathématique : ayez en tête quelques données marquantes, des statistiques, des exemples, etc.

+ Quelques réponses possibles ici.

SUJET 6 MATHS

Comment calculer les annuités d'une dette ?

Le contexte

- Emprunts, crédits ou prêt immobiliers font partie de la vie quotidienne de nombreux Français. Ainsi, lorsqu'une personne contacte sa banque ou un autre organisme afin de contracter un prêt, il reçoit en retour un tableau lui indiquant le montant emprunté, le taux, ainsi que les annuités (montants annuels) ou les mensualités (montants mensuels) qu'il lui faudra rembourser.
- Ce tableau est construit à partir d'un algorithme qui, en fonction du capital emprunté, du taux du prêt et de la durée du prêt indique les annuités que la personne devra rembourser. L'intérêt de cette question est de mettre en évidence le modèle mathématique qui permet de calculer les annuités ou les mensualités.

DOC. 1. Comparaisons des emprunts en France et en Île-de-France.

INDICATEURS NATIONAUX

Crédit moyen 153 606 €	Âge emprunteur 37 ans	Durée moyenne prêt 20 ans et 6 mois	Taux moyen 1,50 %
Revenu annuel 47 399 €	Apport moyen 29 527 €	Surface du bien 98 m²	Meilleur taux obtenu 0,70 %

INDICATEURS ÎLE-DE-FRANCE

Crédit moyen 232 380 €	Âge emprunteur 38 ans	Durée moyenne prêt 21 ans et 9 mois	Taux moyen 1,57 %
Revenu annuel 61 978 €	Apport moyen 57 895 €	Meilleur taux obtenu 0,70 %	

- Le revenu annuel moyen et les prix du marché de l'immobilier ont un impact sur la somme empruntée, le taux obtenu et l'apport moyen. Ces facteurs semblent en revanche avoir peu d'influence sur l'âge de l'emprunteur et la durée du l'emprunt.

D'après seloger.com

Tout au long de l'année

- Dans un premier temps, lisez vos cours de 1re et de Term spécialité Mathématiques, notamment sur les **évolutions en pourcentages** et sur les **suites particulières** (géométriques et arithmético-géométriques).
- Familiarisez-vous avec le **vocabulaire des prêts** : emprunt, dette, durée, taux, annuité (ou mensualité), amortissement, etc.
- Enfin consultez des **sites Internet** en utilisant les mots clés : emprunt, prêt, taux d'intérêt, différence entre taux fixe et taux variable, annuité, mensualité, assurance d'un prêt.

Pour aller plus loin

Recherchez des informations supplémentaires sur le vocabulaire spécifique utilisé, ainsi que sur les prêts à taux variables et les assurances de prêts qui, volontairement, ne sont pas évoqués dans l'exposé oral, mais qui doivent être compris.

Ressource utile

DOC. 2. Exemple de tableau d'amortissement pour un bien d'une valeur de 100 000 €.

Année	Capital amorti	Intérêts	Capital restant dû	Annuités	Coût total
1	19 578,45	965,06	80 421,55	20 543,51	20 903,51
2	19 786,99	756,52	60 634,56	20 543,51	20 903,51
3	19 997,75	545,76	40 636,81	20 543,51	20 903,51
4	20 210,73	335,75	20 423,04	20 543,51	20 903,51
5	20 426,04	117,47	0,00	20 543,51	20 903,51
Total	**100 000**	**2 717,56**	–	**102 717,56**	**104 517,56**

Autres ressources possibles

→ Préparez un **algorithme**, écrit en **langage naturel** ou en **langage de programmation Python**, qui, en entrant le montant du prêt, le taux et la durée, renvoie l'annuité ou la mensualité.

→ **Renseignez-vous sur les prêts immobiliers**, sur les prêts à la consommation actuels : quels sont les taux d'intérêts pratiqués actuellement, l'impact des taux bas sur la consommation et l'immobilier ?

→ **Soyez capable de donner la durée d'un prêt** pour un taux, un capital et une annuité fixés.

Ressources à exploiter

Liens vers des sites Internet permettant de réaliser des simulations de crédit.

SUJET 6 · MATHS

Le jour J

40 min

Exemple de support

- Montant du prêt : C (en €)
- Durée du prêt : N (en années)
- Taux d'intérêt : t (en %)

Année n	Capital restant dû en début d'année n C_{n-1}	Intérêts sur l'année $\frac{t}{100}\times C_{n-1}$	Capital restant dû en fin d'année n C_n	Annuité a
1	$C_0 = C$	$\frac{t}{100}\times C$	$C_1 = (1+\frac{t}{100})\times C - a$	a
2	C_1	$\frac{t}{100}\times C_1$	$C_2 = (1+\frac{t}{100})\times C_1 - a$	a
⋮	⋮	⋮	⋮	⋮
N	C_{N-1}	$\frac{t}{100}\times C_{N-1}$	$C_N = 0$	a

Pour tout entier n de ℕ, $C_{n+1} = (1+\frac{t}{100})C_n - a$

Soyez clair(e)

Sur votre support, faites figurer le nom et la notation des différents paramètres utilisés, cela facilitera la compréhension du jury.

Synthétisez

Utilisez des tableaux, des graphiques, des schémas : ils sont plus lisibles que du texte et peuvent contenir beaucoup d'informations. N'oubliez pas de prévoir une règle dans votre trousse !

- **Expression de d :**

d vérifie $d = (1+\frac{t}{100})d - a$ donc $a = (1+\frac{t}{100})d - d$ d'où $a = \frac{t}{100}\times d$ et $d = 100\times\frac{a}{t}$

- **Démonstration de (V_n) suite géométrique :**

Pour tout n de ℕ, $V_n = C_n - 100\times\frac{a}{t}$ donc $V_{n+1} = C_{n+1} - 100\times\frac{a}{t}$

Donc $V_{n+1} = (1+\frac{t}{100})\times C_n - a - 100\times\frac{a}{t} = (1+\frac{t}{100})\times C_n - 100\times\frac{a}{t}(1+\frac{t}{100}) = (1+\frac{t}{100})V_n$.

- **Expression de C_n en fonction de n :**

(V_n) est une suite géométrique de raison $q = 1+\frac{t}{100}$

et de premier terme $V_0 = C - 100\times\frac{a}{t}$.

Donc, pour tout n de ℕ, $V_n = (C - 100\times\frac{a}{t})(1+\frac{t}{100})^n$

et $C_n = V_n + 100\times\frac{a}{t} = (C - 100\times\frac{a}{t})(1+\frac{t}{100})^n + 100\times\frac{a}{t}$

- **Expression de l'annuité a :**

$C_N = 0 \Leftrightarrow (C - 100\times\frac{a}{t})(1+\frac{t}{100})^N + 100\times\frac{a}{t} = 0 \Leftrightarrow 100\times\frac{a}{t}(1-(1+\frac{t}{100})^N) = -C(1+\frac{t}{100})^N$

$$\Leftrightarrow a = \frac{-tC(1+\frac{t}{100})^N}{100(1-(1+\frac{t}{100})^N)}$$

Applications

Annuités pour un montant emprunté de 100 000 €

	Durée : 10 ans	Durée : 15 ans
Taux : 1,2 %	10 672 €	7 325 €
Taux : 2 %	11 133 €	7 784 €

Contextualisez

Si vous avez choisi une approche théorique, concluez votre exposé oral à l'aide d'un ou de plusieurs exemples marquants.

Résumé d'un exemple de présentation orale

Attention : le résumé de cette présentation orale dure environ 5 minutes, soit la moitié du temps prévu pour l'exposé oral.

Comment calculer les annuités d'une dette ?

Récemment, j'ai accompagné ma mère à la banque car elle souhaitait négocier un prêt immobilier, ce qui m'a poussé(e) à m'intéresser à ce sujet.

Je note C le montant du capital, en euros, que le client souhaite emprunter et N la durée du prêt, en années, souhaitée par le client. Le banquier va alors lui proposer un taux d'intérêt, en pourcentage, que je noterai t. Ces notations sont rappelées sur la première page de mon support. L'objectif de ma présentation est de mettre en évidence une formule qui permet de déterminer le montant de l'annuité que le client devra verser à la banque, chaque année. Je note a cette annuité.

Je pense que le plus efficace est de modéliser cette situation à l'aide des suites. Si on note C_n le capital restant dû par le client au bout de n années, alors, d'une part, on a $C_0 = C$; d'autre part, on a $C_{n+1} = \left(1 + \frac{t}{100}\right)C_n - a$. En effet, le capital dû à l'année $n + 1$ est égal au capital à l'année n (c'est-à-dire C_n) augmenté du taux d'intérêt t et auquel on soustrait le montant payé par le client sur l'année, c'est-à-dire l'annuité a. On reconnaît là la formule de récurrence d'une suite arithmético-géométrique.

Mon premier objectif est alors de donner la formule explicite de C_n, c'est-à-dire d'exprimer C_n en fonction de n. Je sais grâce à mes cours qu'il faut commencer par déterminer le nombre d tel que $d = \left(1 + \frac{t}{100}\right)d - a$.

D'après mes calculs, que j'ai détaillés sur la deuxième page de mon support, je trouve : $d = 100 \times \frac{a}{t}$. Je démontre alors que la suite (v_n) définie sur $\mathbb{N}$ par $v_n = C_n - d$ est géométrique.

En effet, on démontre que $v_{n+1} = \left(1 + \frac{t}{100}\right) \times v_n$.

Là encore, cette démonstration est détaillée sur mon support. Ainsi, la suite (v_n) est géométrique de raison $q = 1 + \frac{t}{100}$, et puisque $v_0 = C_0 - d = C - 100$, j'en déduis, en utilisant la formule explicite des suites géométriques que, pour tout entier naturel n, $v_n = \left(C - 100\frac{a}{t}\right)\left(1 + \frac{t}{100}\right)^n$.

Donc, finalement, $C_n = \left(C - 100\frac{a}{t}\right)\left(1 + \frac{t}{100}\right)^n + 100\,\frac{a}{t}$.

Introduction

Montrez votre intérêt pour le sujet.

Les bons réflexes

Le vocabulaire utilisé ici n'est pas spécifique aux mathématiques, vous devez malgré tout le maîtriser.

Importance du support

- Montrez dès que cela est possible votre support pour aider le jury à mieux comprendre vos explications.
- Pour des formules assez longues ou une démonstration écrite sur le support, faites une pause afin de laisser le temps au jury de s'y retrouver.

Rappel

Une suite u arithmético-géométrique est définie par la formule de récurrence : $u_{n+1} = au_n + b$.

Connecteurs

Insistez sur les connecteurs afin de montrer au jury la cohérence de votre propos.

Cette formule permet donc de connaître le capital restant dû par le client lorsqu'on connaît le capital de départ, la durée du prêt, le montant du taux et de l'annuité.

Gagnez des points !

Explicitez la première formule obtenue afin de clarifier votre exposé et de montrer que vous maîtrisez les notions exposées.

Mon second objectif est d'exprimer l'annuité *a* en fonction des autres données. Pour cela, il faut se souvenir que la durée du prêt est N ; cela signifie qu'au bout de N années, le capital restant dû par le client est égal à zéro, c'est-à-dire que $C_N = 0$. Pour obtenir ce que l'on souhaite, il suffit alors de résoudre l'équation $C_N = \left(C - 100\frac{a}{t}\right)\left(1 + \frac{t}{100}\right)^N + 100\frac{a}{t} = 0$ dont l'inconnue est a.

Là encore, le calcul est détaillé sur mon support, et je trouve $a = \dfrac{-tC\left(1 + \frac{t}{100}\right)^N}{100\left[1 - \left(1 + \frac{t}{100}\right)^N\right]}$.

C'était l'objectif recherché : il s'agit de la formule qui permet de déterminer le montant de l'annuité que le client devra verser à la banque, chaque année.

On peut facilement automatiser les calculs et déterminer l'annuité du client en connaissant le capital de départ C, le taux d'intérêt t et la durée du prêt N. C'est le principe des simulateurs de prêts que l'on trouve sur Internet.

Tendez des perches

En parlant d'automatisation des calculs, vous incitez le jury à vous poser une question sur la rédaction d'un algorithme. En ayant préparé la réponse, vous gagnerez forcément des points.

Je vous propose de terminer ma présentation sur un exemple concret d'application, puisque, comme je vous l'expliquais au début de l'exposé, j'ai pu assister à l'entrevue entre ma mère et un banquier pour la négociation d'un prêt immobilier. Ma mère souhaitait emprunter un capital de 100 000 euros, sur une durée de 10 ans. Le banquier lui a proposé un taux d'intérêt de 1,2 %. J'ai pu alors calculer que le montant de l'annuité est

$$a = \frac{-1{,}2 \times 100\,000 \times \left(1 + \frac{1{,}2}{100}\right)^{10}}{100\left[1 - \left(1 + \frac{1{,}2}{100}\right)^{10}\right]},$$

soit environ 10672 euros par an, ou encore 889 eurospar mois. On peut noter alors que cet emprunt de 100000 euros lui aurait alors coûté $10 \times 10672 - 100000$ soit 6720 euros d'intérêts. Vous pouvez lire d'autres exemples d'application à la fin de mon support.

Ainsi, concernant mon orientation, cette étude m'a donné envie de devenir analyste de crédit ou expert(e)-comptable.

J'espère vous avoir convaincus et je suis prêt(e) à répondre à vos questions.

Ressources à exploiter

Podcast de l'exposé sur ce QR code.

Exemples de questions pouvant être posées par le jury

Questions pouvant être posées par un professeur de mathématiques

- Pourriez-vous nous donner la définition d'une suite géométrique ? → **1re et Term spécialité Mathématiques**
- Pourriez-vous nous proposer un algorithme, en langage Python ou en langage naturel, qui permet d'automatiser la recherche de l'annuité *a* ?
  → **2de Mathématiques, 1re et Term spécialité Mathématiques**
- Sur un plan purement mathématique, la suite (C_n) des capitaux restants dus est-elle convergente ?
  → **Term spécialité Mathématiques**
- Selon vous, si le nombre d'années d'emprunts augmente, qu'en est-il de l'annuité ? → **Term spécialité Mathématiques**
- Pourriez-vous nous donner la formule générale pour une mensualité ?
- Sauriez-vous calculer l'annuité dans votre exemple, avec une durée de 20 ans ?

Ne soyez pas déstabilisé(e) !

Toutes les questions posées par le professeur de mathématiques font partie du programme de 1re et de Term. Son objectif est de vous amener à répondre, en mettant en avant vos connaissances.

Questions pouvant être posées par un professeur d'une autre discipline

- Lorsqu'à la banque, un client contracte un prêt, celui-ci est toujours accompagné d'une assurance. Pourriez-vous nous en dire plus sur cette assurance ?
- Si cela n'est pas indiscret : votre mère a-t-elle emprunté l'argent ? Avait-elle comparé plusieurs propositions ?
- Pourquoi des taux d'intérêt bas favorisent-ils la consommation ?
- Pour certains emprunts immobiliers, on parle de taux variables, savez-vous ce que l'on entend par là ?
- Vous souhaitez devenir peut-être analyste de crédit. En quoi consiste ce métier ? Quelles sont les études à suivre ? Avez-vous suivi des stages dans ce domaine ? Quelles sont les compétences à développer pour exercer ce métier ?
- Les mathématiques sont-elles la seule matière à travailler pour devenir analyste de crédit ? Si non, quelles sont les autres matières à travailler également ?
- Qu'est-ce qui vous intéresse dans le métier d'expert(e)-comptable ? En avez-vous discuté avec des personnes de votre entourage qui exercent ce métier ?
- En tant qu'expert(e)-comptable, préféreriez-vous travailler en libéral ou dans un cabinet d'experts-comptables ? Pourquoi ?

+ Quelques réponses possibles sur ce QR code.

SUJET 7 LLCER

Comment les artistes ont-ils contribué à la prise de conscience du traumatisme des *Stolen Generations* en Australie ?

Les spécificités du Grand oral LLCER

Si vous le souhaitez, vous pouvez **parler partiellement dans la langue choisie** (ici l'anglais) durant votre exposé. Toutefois, vous ne pouvez pas faire l'intégralité de votre présentation en langue étrangère ou régionale.

Nous vous recommandons de choisir de parler dans la langue de votre spécialité LLCER pendant une partie de votre exposé.

Pendant la discussion, le jury peut aussi choisir de poser des questions dans la langue choisie.

Le contexte

- L'Australie a célébré en 2020 le 250e anniversaire du débarquement de l'Anglais James Cook sur ce qui est aujourd'hui nommé le Queensland. Cet acte fondateur d'une nouvelle nation, fortement célébré en Australie, marque le début de la conquête de cette immense île qui était alors habitée par environ 1,6 million d'autochtones, connus sous le nom d'aborigènes (du latin *ab origine*, qui signifie « depuis l'origine »).
- De nombreux groupes tribaux répartis sur tout le continent y avaient développé leurs caractéristiques linguistiques, culturelles ou artistiques propres.
- Les célébrations de cet anniversaire ont amené les australiens à se pencher à nouveau sur le sort des aborigènes dont la situation reste difficile.
- Des artistes se sont mobilisés en faveur de la cause aborigène, notamment depuis les années 1970. Ainsi, on peut se demander quel est le rôle des artistes dans la prise de conscience nationale en Australie.

DOC. 1. L'Australie.

Tout au long de l'année

- Dans un premier temps, reprenez vos cours de spécialité Terminale LLCER Anglais, tout particulièrement au sein de la Thématique 1 : « **Arts et débats d'idées** » de l'Axe 1 : « **Art et contestation** ». Revoyez aussi l'Axe 2 : **« L'Art qui fait débat »**.
- Dans un deuxième temps, reprenez vos cours de Première, notamment la Thématique 2 : « **Rencontres** », et au sein de l'Axe 3, la partie « **Confrontation à la différence** », ainsi que vos cours de Philosophie en classe de Terminale qui interrogent ce qui définit l'art, l'œuvre d'art ou encore l'artiste au sein des sociétés humaines.
- Enfin, consultez des sites Internet en utilisant les mots-clés : histoire de l'Australie, Aborigènes, discrimination et Aborigènes, contestation et artistes, Australie, *Stolen Generations,* drapeau aborigène.

Pour aller plus loin

La question aborigène est traitée dans plusieurs manuels de spécialité LLCER Anglais. Consultez-les au CDI, vous y trouverez des sources intéressantes.

Ressources utiles

DOC. 2. Histoire et signification du drapeau aborigène.

- Le drapeau aborigène est la création de l'artiste aborigène Harold Thomas, né en 1947, premier Aborigène diplômé d'une école d'art en Australie. Aujourd'hui encore, il est un artiste reconnu dont les œuvres sont exposées dans différentes galeries d'art à travers le pays.
- En 1971, alors qu'il n'a que 25 ans, lui vient l'idée de créer un drapeau représentant tous les Aborigènes d'Australie. À cette époque, le mouvement en faveur de la défense des droits des Aborigènes prend de l'ampleur. Mais faute de signe de ralliement, les Aborigènes sont souvent peu visibles et dispersés dans les manifestations : c'est ce constat qui conduit l'artiste à imaginer un sigle accrocheur pour orner bannières et affiches.

▲ **Le drapeau aborigène, créé par Harold Thomas en 1971. Devise : « Nous hommes noirs sur la terre rouge, sous le Soleil ».**

- Ce drapeau, au design simple, est chargé d'une symbolique forte : le cercle jaune représente le Soleil, qui donne la vie et protège ; la bande horizontale noire représente la couleur de peau des premiers habitants du territoire australien ; la partie inférieure rouge symbolise l'ocre rouge utilisé par les Aborigènes lors des cérémonies et plus largement la relation spirituelle de ces peuples avec leur terre.

D'après lecourrieraustralien.com

DOC. 3. *Stolen Generations.*

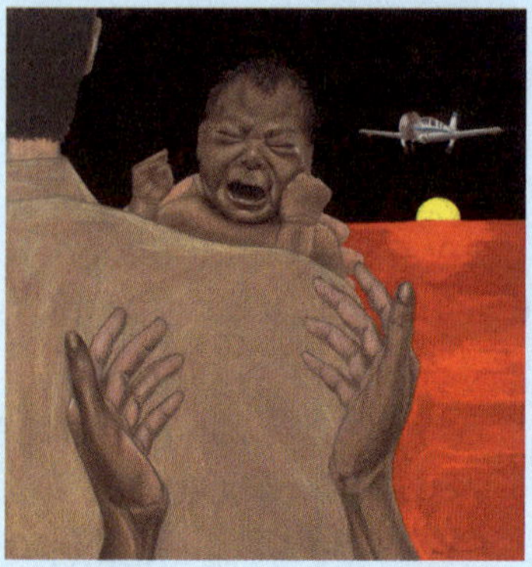

▲ *Too young to hide*, V. Rozman.

- L'anthropologue Barbara Glowczewski revient sur la politique australienne qui a conduit l'administration à enlever des dizaines de milliers d'enfants métis à leurs familles. Ils constituent aujourd'hui les *Stolen Generations* : les générations volées.
  → www.franceculture.fr
- Le tableau ci-contre de l'artiste australienne Vesna Rozman raconte l'histoire de la « génération volée » et le sort des peuples aborigènes.

Ressources à exploiter

Podcast de l'émission de France Culture sur ce QR code.

DOC. 4. Extracts of *The Northern Territory Ordinance*, 1918.

THE NORTHERN TERRITORY OF AUSTRALIA
No. [9] of 1918.
Relating to Aboriginals.
[...]

This Ordinance may be cited as the *Aboriginals Ordinance* 1918.

[...] "Aboriginal Institution" means any mission station, reformatory, orphanage, school, home or other institution for the benefit, care or protection of the aboriginal or half-caste inhabitants of the Northern Territory, declared by the Administrator to be an aboriginal institution for the purposes of this Ordinance. [...]

5. (1.) It shall be the duty of the Chief Protector

(a) to apportion, distribute, and apply, as seems most fit, under the direction of the Administrator, the moneys at his disposal for the purpose of carrying out this Ordinance;
(b) to distribute blankets, clothing, provisions, and other relief or assistance to the aboriginals;
(c) to provide, as far as practicable, for the supply of food, medical attendance, medicines, and shelter for the sick, aged and infirm aboriginals;
(d) to provide, when possible, for the custody, maintenance, and education of the children of aboriginals;
(e) to manage and regulate the use of all reserves for aboriginals; and
(f) to exercise a general supervision and care over all matters affecting the welfare of the aboriginals, and to protect them against immorality, injustice, imposition and fraud.

[...]

7. (1.) The Chief Protector shall be the legal guardian of every aboriginal and of every half-caste child, notwithstanding that the child has a parent or other relative living, until the child attains the age of eighteen years [...]

(2.) Every Protector shall, within his district, be the local guardian of every such child within his district, and as such shall have and may exercise such powers and duties as are prescribed.

DOC. 5. Le film *Rabbit-Proof Fence* (Australie, 2002).

- This film is based on a true story. In the 1930's, Molly, a 13-year-old Aboriginal girl, is taken away from her family with her sister and her cousin. The three girls are sent to a camp for half-caste children. They decide to escape to get back to their people and begin a 1500-mile journey to freedom.

DOC. 6. Extract of the *Apology to Australia's Indigenous peoples*, 2008.

"[...] We apologise especially for the removal of Aboriginal and Torres Strait Islander children from their families, their communities and their country.

For the pain, suffering, and hurt of these Stolen Generations, their descendants and for their families left behind, we say sorry.

To the mothers and the fathers, the brothers and the sisters, for the breaking up of families and communities, we say sorry.

And for the indignity and degradation thus inflicted on a proud people and a proud culture, we say sorry. [...]"

Kevin Rudd, Prime Minister of Australia, 13 February 2008,
at a sitting of the Parliament of Australia

Autres ressources possibles

Recherchez des informations :

→ sur l'**art aborigène**, en notant « aborigène » dans le moteur de recherche du site Internet du musée du quai Branly - Jacques Chirac à Paris.
→ **quaibranly.fr**

→ sur l'**art comme forme de résistance** dans l'Australie aborigène, sur le site Internet du musée des confluences à Lyon.
→ **museedesconfluences.fr**

SUJET 7 LLCER

Le jour J

40 min

Exemple de support

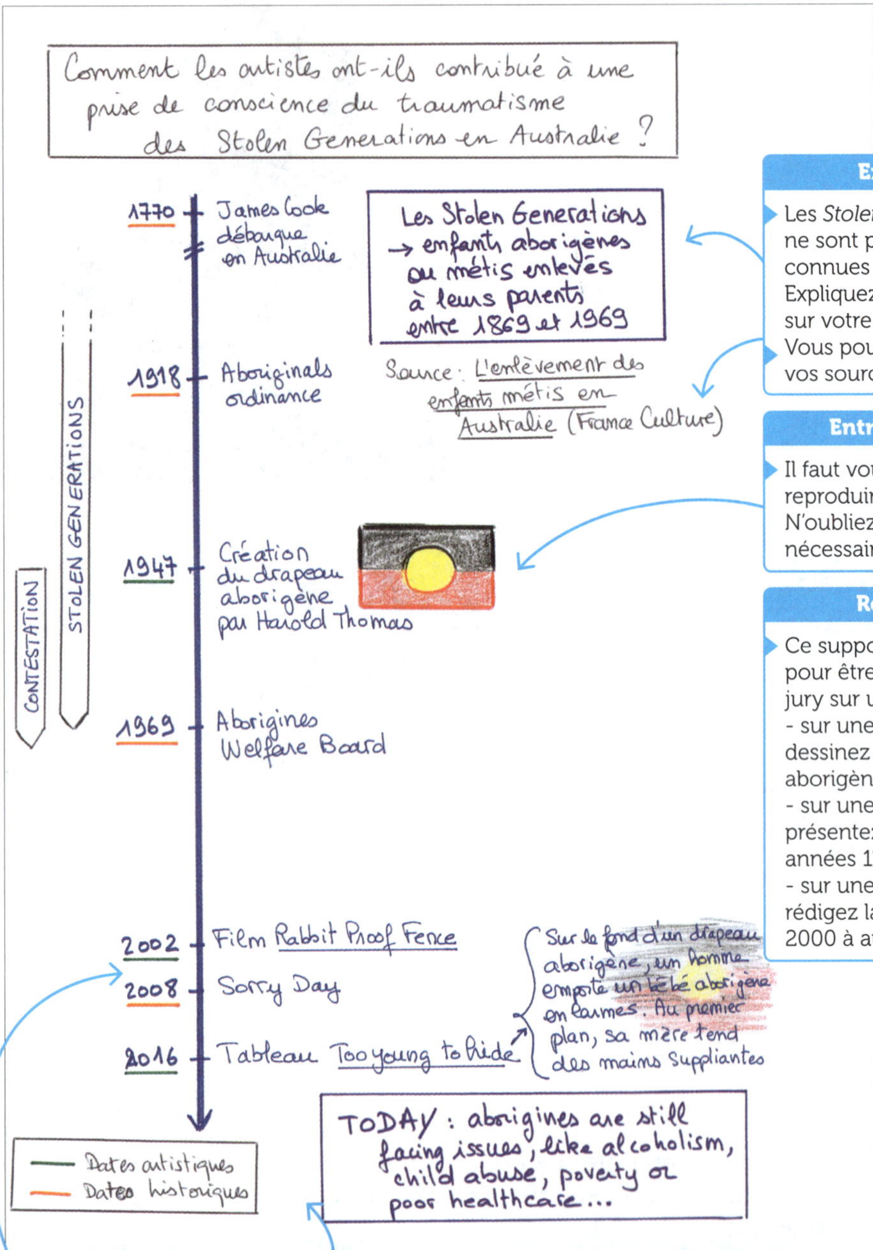

Expliquez

- Les *Stolen Generations* ne sont pas forcément connues des jurés. Expliquez donc ce terme sur votre support.
- Vous pouvez aussi citer vos sources.

Entraînez-vous

- Il faut vous entraîner à reproduire des dessins. N'oubliez pas le matériel nécessaire pour le jour J.

Remarque

- Ce support est trop fourni pour être bien lisible par le jury sur une seule feuille :
  - sur une première feuille, dessinez le drapeau aborigène ;
  - sur une deuxième feuille, présentez la frise des années 1770 à 2000 ;
  - sur une troisième feuille, rédigez la frise des années 2000 à aujourd'hui.

Repères

- Une frise chronologique permet au jury de mieux comprendre votre exposé.
- Veillez à légender et à titrer vos schémas.

Résumé d'un exemple de présentation orale

Attention : le résumé de cette présentation orale dure environ 5 minutes, soit la moitié du temps prévu pour l'exposé oral.

Comment les artistes ont-ils contribué à la prise de conscience du traumatisme des *Stolen Generations* en Australie ?

La situation des aborigènes en Australie est peu connue en Europe, et pourtant leur histoire et leur culture m'ont touché(e), notamment via un film, *Rabbit-Proof Fence*, dont nous avons visionné des extraits en classe. C'est pourquoi j'ai choisi de traiter la question suivante « Comment les artistes ont-ils contribué à la prise de conscience du traumatisme des *Stolen Generations* en Australie ? »

J'ai choisi de faire cette présentation intégralement en anglais, hormis son introduction et sa conclusion.

Annoncez votre plan

- Annoncez au jury la part d'anglais et de français dans votre exposé.
- Annoncez les parties et faites des pauses avant de les énoncer.

To begin with, the Aboriginal people arrived in Australia about fifty thousand years ago. Their traditions are based on orality and passing on their culture and identity through paintings and dreamtime stories.

In the 20th century, the Australian government began to impose their power on the Aboriginal people to make them forget their roots and culture. Many documents that I saw and read explain the struggle that they had to face in their past, or showed me what happened to them, notably the movie *Rabbit-Proof Fence*, directed by Philip Noyce and released in 2002, which is also an adaptation from a novel written by a former stolen child, Doris Pilkington.

The director shows us the mistreatment that the Aborigines went through during the *Stolen Generations*. *The Stolen Generations* were the children who were taken away from their family by the Australian government between 1869 and 1969. The Northern Territory Ordinance in 1918, is an example of this policy. Among these children, many of them were half-caste which meant that they were half white, half aborigines. The former government wanted to control these aboriginal children on their own territory to "teach" them and impose white culture on them.

Soyez précis

Il est nécessaire d'expliquer au jury ce que sont les *Stolen Generations.*

The film is very moving, and the director wants to show how children lived in dreadful conditions but also how they were cut off from their own culture.

The movie had a worldwide impact and it helped Australians but also people around the world to think about the traumatic experience caused by the *Stolen Generations*.

In addition, even if the *Stolen Generations* legally ended in 1969 after the board now known as *The Aborigines Welfare Board* which sets up a system of protection for the aboriginal children, we can see that the debate on the Aboriginal identity remains important through artists who raise the question of reconciliation.

Nearly forty years later in 2008, the Australian government finally decided to apologize. The former prime

Connecteurs

Utilisez les connecteurs et faites des pauses.

minister at the time, Kevin Rudd, uttered a very emotional speech from the Australian Parliament on February 13th 2008. His speech was broadcast live all around Australia and for the occasion the date was dubbed as "Sorry day".

Kevin Rudd said that he wanted to start a new chapter, turn the page to make sure the nation was united. With such a speech he aimed at gathering the nation, aboriginal and non-aboriginal.

But even after that official apology, Aborigines are still facing issues like, alcoholism, child abuse, poverty or poor healthcare.

Aboriginal identity is addressed by artists, who consider that all problems have not been solved, and people need to be aware of this.

For instance, painter Vesna Rozman used her artwork to denounce in 2016 the still vivid national trauma. In *Too young to hide* that I described on my note, we recognize the traumatic experience with a baby child crying and being taken away from his mother. The focus is on the distorted mouth of the child, which conveys the despair of the whole nation.

Importance du support

Faites référence au support que vous montrez pendant votre exposé.

With the title "Too young to hide", which refers to the expression "To young to die", the painter wants to raise the question of the need to express anger, to remember and to pass on stories about the wounds of Australian history.

Parlez avec vos mains

Ici, il faut bien appuyer de la voix et des mains sur « hide » et « die ».

Pour conclure, je suis persuadé(e) que les artistes ont un rôle essentiel à jouer pour mettre au jour des injustices, comme ici en Australie grâce au film de Noyce qui a eu un fort impact. Il en existe d'autres exemples en Australie ou ailleurs.

De plus, ce sujet m'a profondément touché(e) et intéressé(e) car il est en lien avec mon projet d'études, une licence LLCE anglais, et j'ai voulu en savoir plus sur la civilisation des pays du monde anglophone.

Tendez des perches

Vous devrez préparer d'autres exemples : soit une autre œuvre en Australie (le drapeau aborigène), soit un équivalent ailleurs (indiens d'Amérique, par exemple).

J'ai beaucoup aimé réfléchir à cette question et j'espère vous avoir intéressés.

Ressources à exploiter

Podcast de ce résumé d'exposé également disponible par ce QR code.

Exemples de questions pouvant être posées par le jury

Questions pouvant être posées par un professeur d'Anglais

- Quelles sont les sources anglophones que vous avez exploitées ? → Doc. 4 p. 128
- Can you tell us more about the film *Rabbit-Proof Fence* ? → Doc. 6 p. 129
- Can you describe the drawing *Too young to hide* ? What about its colors ? → Doc. 3 p. 128
- Pouvez-vous, dans la langue de votre choix, nous expliquer ce qui symbolise le drapeau aborigène ? → Doc. 6 p. 129
- Parmi le programme de spécialité LLCER Anglais, quel autre thème vous a particulièrement intéressé(e) ? → Spécialité LLCER 1re et Term

À savoir

Le jury peut poser des questions en anglais. Dans ce cas, nous vous recommandons de répondre en anglais.

Questions pouvant être posées par un professeur d'une autre discipline

- Que pouvez-vous nous dire à propos de la *Northern Territory Ordinance* de 1918 ? → Doc. 5 p. 129
- Quelle est la situation des aborigènes aujourd'hui ?
- Vous avez parlé d'autres exemples d'artistes mobilisés pour une cause. Pouvez-vous nous en citer un ?
- Quel lien pouvez-faire avec l'actualité sur la question des discriminations ?
- Quelle est la cause (ou les causes) qui vous paraissent personnellement importantes ?
- Pouvez-vous, en anglais, me conseiller une bonne série que je pourrais regarder en VO pour améliorer mon anglais ?
- Êtes-vous déjà allé(e) dans un pays anglophone ? Racontez-nous…
- Savez-vous quels sont les principaux enseignements en licence LLCE ?
- Avez-vous des réponses positives sur Parcoursup des formations que vous visez ?
- Comptez-vous poursuivre vos études après la licence LLCE ? Avec quel objectif professionnel ? Quelles sont selon vous les qualités nécessaires pour ce métier ?
- Aves-vous choisi de suivre des études d'anglais uniquement parce que c'est votre LVA au Bac, ou avez-vous des affinités particulières avec cette langue ?

SUJET 8 SES HGGSP

Quelles sont les opportunités et les limites du projet européen ?

Le contexte

- L'Union européenne rassemble 27 États, dont 19 sont également membres de la zone euro. Les élargissements successifs depuis sa création et le retrait du Royaume-Uni, en 2020, montrent que la frontière de l'UE est mouvante.
- La question d'une intégration économique plus forte au sein de l'Union européenne se pose également.

DOC. 1. L'Union européenne et de la zone euro.

- L'Union européenne s'est progressivement élargie depuis sa création en 1957. Elle est caractérisée par la création d'un marché commun qui a fait disparaître les frontières économiques entre ses membres, et par une monnaie unique pour 19 d'entre eux, qui facilite les échanges économiques intra-zone.
- En 2020, le Royaume-Uni a quitté l'Union européenne, ce qui ouvre la possibilité à d'autres départs si les États en décident ainsi.

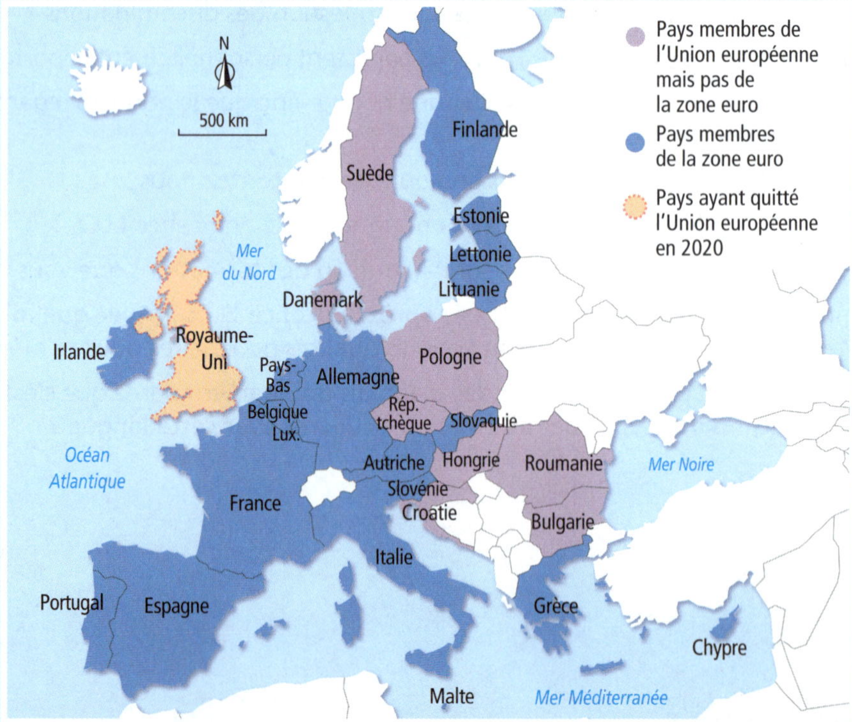

Tout au long de l'année

- Dans un premier temps, reprenez vos cours de **spécialité HGGSP de Première,** en particulier le Thème 3 « **Étudier les divisions politiques du monde : les frontières** », vos cours **spécialité HGGSP de Terminale**, en particulier le Thème 2 « **Faire la guerre, faire la paix : formes de conflits et modes de résolution** », ainsi que votre cours de Géographie de Terminale, en particulier le chapitre « **L'Union européenne dans la mondialisation : des dynamiques complexes** ».
- Dans un deuxième temps, relisez vos cours de **spécialité SES de Terminale**, en particulier les chapitres « **Quels sont les fondements du commerce international et de l'internationalisation de la production ?** » et « **Quelles politiques économiques dans le cadre européen ?** ».
- Enfin consultez des sites Internet en utilisant les mots-clés : Union européenne, élargissement de l'Union européenne, zone euro, marché commun, marché unique, approfondissement de l'Union, Brexit, procédure de retrait.

Pour aller plus loin

Recherchez des informations sur l'histoire de l'Union européenne, ses élargissements successifs, le Brexit et les mouvements europhobes.

Ressources utiles

DOC. 2. Histoire de la construction européenne.

- À la fin de la Seconde Guerre mondiale, six pays (Allemagne, Belgique, France, Italie, Luxembourg, Pays-Bas) unissent leur production de charbon et d'acier (CECA). Le traité de Rome (1957) crée la Communauté européenne de l'énergie atomique (CEEA ou Euratom) et la Communauté économique européenne (CEE). Le traité de Rome prévoit la création d'un marché commun et celle d'une monnaie commune.
- Les premiers élargissements de la CEE ont lieu : en 1973 avec l'adhésion du Danemark, de l'Irlande et du Royaume-Uni ; en 1981 avec la Grèce ; en 1986 avec l'Espagne et le Portugal.
- En 1992 le traité de Maastricht crée l'Union européenne, dont les compétences sont bien plus larges que celles de la CEE, et dans laquelle cette dernière va se fondre, et met en place le marché commun.
- Un nouvel élargissement a lieu en 1995 avec l'Autriche, la Finlande et la Suède.
- La monnaie unique, l'euro, entre en vigueur en 1999. Progressivement, 19 États membres de l'Union européenne l'adopteront.
- De nouveaux élargissements de l'UE ont lieu :
  – en 2004 avec l'Estonie, la Hongrie, la Lettonie, la Lituanie, la Pologne, la République Tchèque, la Slovaquie, la Slovénie, Chypre et Malte ;
  – en 2007 avec la Bulgarie et la Roumanie ;
  – en 2013 avec la Croatie.
  En 2020, suite à un référendum de 2016, le Royaume-Uni quitte l'Union européenne.

D'après « L'histoire de l'Union européenne », https://europa.eu/european-union/index_fr

DOC. 3. La dimension politique sur les frontières de l'Union européenne.

- Après avoir créé la CECA, les six pays fondateurs (Allemagne, Belgique, France, Italie, Luxembourg, Pays-Bas) se sont rassemblés autour de nouveaux projets : la CEE et la CEEA.
- Si, dans les années 1950, le Royaume-Uni ne souhaitait pas participer à la construction européenne, il a fait plusieurs demandes d'adhésion de 1971 à 1973. En 1973, ce sont donc trois nouveaux membres (Royaume-Uni, Irlande, Danemark) qui entrent dans la CECA, la CEE et la CEEA.
- La Grèce adhère en 1981, l'Espagne et le Portugal en 1986. Ces pays n'avaient pas pu le faire auparavant car leurs régimes n'étaient pas démocratiques.
- L'Autriche, la Suède et la Finlande n'adhèrent qu'en 1995, après la chute de l'Union soviétique. En effet, ces pays étant neutres, ils ne pouvaient pas rejoindre un camp clairement identifié comme proche de l'OTAN.
- Avec la disparition progressive du bloc de l'Est, ce sont dix pays, dont huit anciens satellites de l'Union soviétique, qui rejoignent l'Union européenne en 2004 : Estonie, Hongrie, Lettonie, Lituanie, Pologne, République Tchèque, Slovaquie, Slovénie, Chypre et Malte ; puis Bulgarie et Roumanie en 2007 ; et Croatie en 2013.
- Le référendum de 2016 au Royaume-Uni conduit au retrait de celui-ci de l'Union européenne en 2020.

D'après « Les élargissements de l'Union européenne, de 6 à 27 États membres », touteleurope.eu.

1950

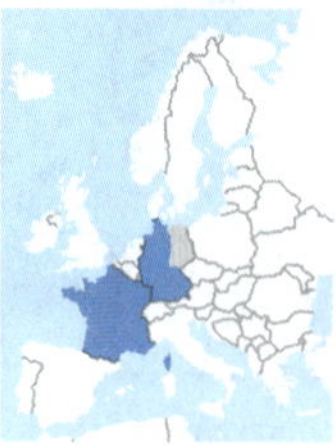

Le couple franco-allemand moteur fondateur

1957

Traité de rome naissance de la CEE

1973

Royaume-Uni fait partie du premier élargissement

1981

Adhésion de la Grèce

1986

Élargissement au Sud Acte unique européen

1995

Accords de Schengen Traité de Maastricht signé en 1992

2004

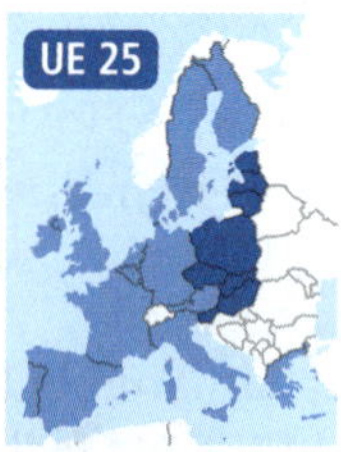

Élargissement vers l'Est 2002-2020

2007

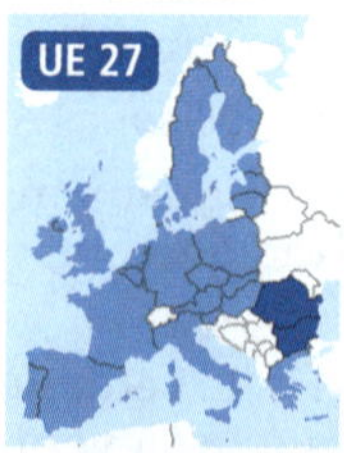

Traité de Lisbonne L'euroseptiscisme monte

2013

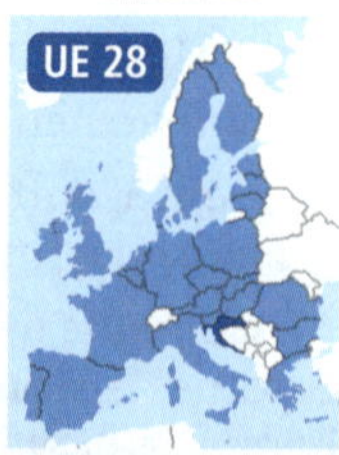

Adhésion de la Croatie David Cameron promet un référendum sur l'UE

2016 à aujourd'hui

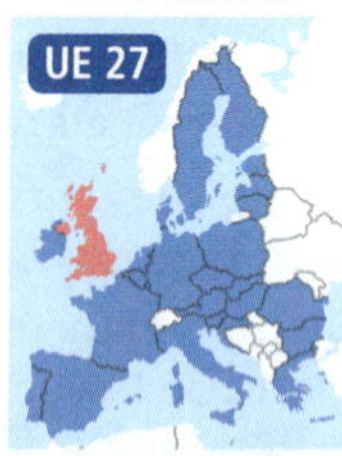

Brexit 51,9 % des votes pour la sortie

DOC. 4. Le marché commun et ses quatre libertés.

- Le traité de Maastricht a institué un marché commun, destiné à faciliter les échanges économiques entre les pays membres de la Communauté européenne. Ce marché commun repose sur ce que l'on nomme les « quatre libertés » : la **libre circulation des marchandises**, des **personnes**, des **services** et des **capitaux**.
- En 1986 l'Acte unique européen approfondit le marché commun (on parle alors de marché « unique ») en mettant fin aux contrôles de marchandises et de personnes, en faisant disparaître les barrières non tarifaires et en rapprochant les taux de TVA.

DOC. 5. L'euro et les critères de convergence.

- Le traité de Maastricht (1992) avait prévu la création d'une **monnaie unique** remplaçant les monnaies nationales. Cette monnaie entre en vigueur le 1er janvier 1999 sous forme scripturale, ses pièces et billets n'étant mis en circulation que le 1er janvier 2002.
- L'adoption d'une monnaie unique par plusieurs pays revient à créer une **nouvelle zone monétaire**. Robert Mundell a montré qu'une zone monétaire n'est optimale que si elle respecte certains critères (avoir des économies proches les unes des autres ou se doter d'instruments de régulation des chocs asymétriques), ce qui n'était pas le cas de l'UE en 1992. Il a donc été décidé de mettre en place des « **critères de convergence** » pour que ces pays différents puissent utiliser la même monnaie. Ces critères concernent et encadrent étroitement la politique monétaire et la politique budgétaire des candidats à l'euro.
- Rassemblant d'abord 11 pays membres de l'UE, la zone euro s'étend progressivement à 19 membres, au fur et à mesure de leur respect des critères de convergence.

Pour aller plus loin

- « Histoire », https://www.ecb.europa.eu
- « Critères de convergence (traité de Maastricht) », insee.fr (Définitions).

Autres ressources possibles

→ Pour rendre plus vivant votre propos lors de l'exposé oral, **consultez l'actualité régulièrement** pour vous tenir informé(e) des politiques européennes.

→ Consultez le livre *Histoire, Géographie et Géopolitique de l'Union européenne. À l'heure du Brexit,* de P. Verluise, Élecrtre, 2018.

→ Regardez le documentaire *La bataille pour l'Europe* (Achim Scheunert, 2016).

Documents supplémentaires en scannant ce QR code.

Le jour J

40 min

Exemple de support

20 min. - temps de préparation

Quelles sont les opportunités et les limites du projet européen ?

- 1950 – CECA
  Allemagne, Belgique, France, Luxembourg, Pays-Bas
- 1957 – CEE/CEEA
  } Les fondateurs
- 1972 – Échec du plan Werner
  Danemark, Irlande, Royaume-Uni
  } 1er élargissement
- 1981 – Grèce
- 1986 – Espagne, Portugal
- 1992 – UE
  } Les nouvelles démocraties
- 1995 – Autriche, Finlande, Suède
- 1999 – EURO
  } Les anciens pays neutres
- 2004 – Estonie, Hongrie, Lettonie, Lituanie, Pologne, R. Tchèque, Slovaquie, Slovénie, Chypre, Malte
  Échec du projet de constitution européenne
- 2007 – Bulgarie, Roumanie
- 2013 – Croatie
  } Les anciens pays de l'Est
- 2020 – Retrait du Royaume-Uni

Gagnez des points !

Cette frise chronologique est particulièrement adaptée à un sujet qui comporte une dimension historique.

Gagnez des points !

Évitez au maximum les fautes d'orthographe sur la liste des pays et les erreurs dans cette liste. Le support n'est pas noté, mais participe à l'impression faite au jury.

Organisation du support

Certains pays sont volontairement placés en dehors de l'accolade car il ne s'agit pas d'anciens pays de l'Est.

Bien comprendre

Le support n'a pas pour objectif de répondre à la totalité de la question. Cependant, vous pouvez présenter ses différents aspects (ici : la dimension économique et la dimension géopolitique de la construction européenne).

Résumé d'un exemple de présentation orale

Attention : le résumé de cette présentation orale dure environ 5 minutes, soit la moitié du temps prévu pour l'exposé oral.

Quelles sont les opportunités et les limites du projet européen ?

L'idée d'unir les pays d'Europe s'est développée à la fin de la Deuxième Guerre mondiale dans le but d'éviter de nouvelles guerres. Depuis, cette union a beaucoup évolué. J'ai décidé de travailler sur ce sujet, qui allie mes deux spécialités de Terminale, car je suis un européiste convaincu.

Introduction

Personnalisez votre exposé afin de le rendre le plus vivant possible.

Pour unir les États européens, différentes communautés ont été créées : CECA, CEEA et CEE. Finalement, ces communautés ont fusionné au sein de l'Union européenne, dont la dominante économique est très nette. Parallèlement, l'Europe s'est élargie en s'ouvrant à de plus en plus d'États.

Astuce

Tendez des « perches » au jury en citant des acronymes sans les expliciter. Mais n'en abusez pas !

Quelles sont les opportunités et les limites du projet européen ? J'aborderai cette question sous l'angle économique puis sous l'angle géographique.

Annoncez votre plan

Cela aidera le jury à suivre vos propos.

Je vais d'abord m'intéresser à l'angle économique. Le traité de Rome a créé un marché commun, effectif dès le 1er juillet 1968, pour faciliter la circulation des marchandises, des personnes, des services et des capitaux.

La libre circulation des marchandises permet de produire et de consommer davantage de produits qu'en situation d'autarcie. Dans la mesure où l'on explique en partie la Seconde Guerre mondiale par le chômage de masse, le Marché commun avait comme objectif d'enrichir les populations et de les détourner des rancunes et de la guerre. Voilà une belle idée !

Le traité de Rome avait également prévu la création d'une union monétaire. Elle verra le jour en 1999 et elle rassemble actuellement 19 États.

La création d'une monnaie unique permet aux agents économiques d'entretenir des relations économiques renforcées, dégagées du risque de change, et elle contribue à développer ces échanges. Créer une monnaie commune, avec des éléments d'identité communs, avait également pour but de renforcer le sentiment d'appartenance commune à l'Europe.

Cette politique commune, portée par plusieurs institutions (Parlement européen, Commission européenne, Cour de Justice de l'Union européenne), n'est cependant pas totale. En effet, je pense qu'une intégration plus complète serait possible, avec la création d'un budget commun ou d'un gouvernement fédéral.

Gérez bien votre temps

- Ne donnez pas trop de détails, car il n'est pas possible de présenter le rôle et la composition des institutions européennes en dix minutes !
- Si le jury est intéressé, il pourra vous poser des questions plus tard.

D'ailleurs, en 1970, le Plan Werner proposait d'harmoniser la fiscalité et de créer un gouvernement économique européen distinct des États, mais il a été rejeté.

En son absence, on observe différentes pratiques de dumping entre États.

Un projet de Constitution européenne, qui aurait fait de l'UE un État fédéral, a également été rejeté par référendum (en France et aux Pays-Bas).

Enfin, la question du fédéralisme budgétaire est réapparue en 2020, avec la proposition de créer des euro-bonds.

Soyez précis(e)

Donnez des faits, des dates, pour étayer votre propos.

Je vais vous parler maintenant de l'angle géographique. Selon l'article 49 du traité sur l'UE, « Tout État européen [...] peut demander à devenir membre de l'Union ». Les sept élargissements successifs de l'Union européenne et le retrait du Royaume-Uni me font m'interroger sur le processus d'extension de l'Union européenne.

En effet, l'Union européenne semble s'étendre progressivement en accueillant tous les pays d'Europe. Sur le support, j'ai représenté l'élargissement par des chiffres qui traduisent cette évolution rapide.

Ces élargissements successifs me font me poser une première question : si l'Europe est supposée avoir des « frontières naturelles », est-ce le cas de l'UE ? La Turquie a déposé sa candidature depuis 1987. La Russie pourrait faire de même ! Si elles étaient acceptées, l'Union européenne verrait alors ses frontières déborder largement sur l'Asie.

Les élargissements à des États moins partisans de l'approfondissement du projet européen ont par ailleurs eu pour conséquence de ralentir son avancée. L'UE apparaît ainsi à certains plus proche d'une zone de libre-échange que d'une économie intégrée.

Par ailleurs, l'UE ne fait pas que s'étendre. Récemment, elle s'est contractée avec la procédure de retrait du Royaume-Uni. La question de faire sortir la Grèce de la zone euro avait également été évoquée par le gouvernement grec, au plus fort de sa crise. Enfin, plusieurs pays, comme les Pays-Bas ou la Hongrie, connaissent des courants europhobes capables d'arriver au pouvoir ou de l'influencer au niveau national.

Outre la question des frontières géographiques, l'UE ne devrait-elle pas se concentrer sur les pays qui adhèrent au projet européen et souhaitent participer à son approfondissement ?

En conclusion, je suis convaincu(e) que l'Union européenne gagnerait en légitimité si elle poursuivait son processus d'intégration économique et politique tout en gardant une cohérence territoriale. J'aimerais aussi que son utilité soit plus visible auprès des populations, comme peut l'être le programme Erasmus par exemple.

J'espère vous avoir intéressés et je vous remercie.

Engagez-vous

Donnez votre opinion si elle n'est ni choquante, ni illicite, ni extrême.

Ressources à exploiter

Podcast de ce résumé d'exposé en flashant ce QR code.

Exemples de questions pouvant être posées par le jury

Questions pouvant être posées par un professeur d'HGGSP

- Pourquoi la candidature de la Turquie n'a-t-elle pas encore entraîné son adhésion à l'Union européenne ? Quel est votre avis à ce sujet ? → 1re spécialité HGGSP
- Que sont le CECA, la CEEA et la CEE ? → Doc. 2, p. 135 et Term Histoire-Géographie
- Quels hommes politiques célèbres sont à l'origine de ce projet européen ? → Term Histoire-Géographie
- Quel est le rôle du Parlement européen, de la Commission européenne, de la Cour de Justice de l'Union européenne ? → Term Histoire-Géographie
- En France et aux Pays-Bas, un référendum avait rejeté le projet de constitution européenne. Qu'en a-t-il été dans les autres pays ? Est-ce que le projet avait été largement accepté ? → Term Histoire-Géographie

Questions pouvant être posées par un professeur de SES

- Quelles théories favorables au libre-échange pouvez-vous citer ? Expliquez-les. → Term spécialité SES
- Existe-t-il des théories défavorables au libre-échange ? Lesquelles ? → Term spécialité SES
- Quelles sont les étapes de l'intégration économique ? → Term spécialité SES
- Pouvez-vous nous présenter la théorie de la zone monétaire optimale ? → 1re spécialité SES
- Peut-on dire que la zone euro est une zone monétaire optimale ? → 1re spécialité SES
- Qu'est-ce qu'un euro-bond ? Dans quel contexte ce sujet a-t-il été évoqué entre la France et l'Allemagne ?

Questions pouvant être posées par un professeur d'une autre discipline

- Pourquoi êtes-vous un europÉiste convaincu ?
- Que diriez-vous pour nous convaincre d'adhérer au projet européen ?
- Pourquoi a-t-on pensé que la Grèce devait quitter la zone euro ?
- Qui préside en ce moment la Commission européenne ?
- Vous nous avez dit lors de cette discussion que vous souhaitiez devenir juriste en droit européen. Quelles sont les études à suivre pour y parvenir ?

Quelques réponses possibles en flashant ce QR code.

Autres questions possibles

→ SES

- Comment les grandes entreprises parviennent-elles à réduire leurs impôts ?
- Pourquoi des monnaies locales parviennent-elles à exister ?
- Pour sortir d'une crise, un gouvernement peut-il s'endetter sans limite ?
- Comment faire pour ne pas créer d'entreprises « zombies » ? Est-il raisonnable d'interdire aux banques de financer les États ?
- La création monétaire est-elle encore source d'inflation ?
- Une baisse d'impôts augmente-t-elle mécaniquement la consommation, la croissance et l'emploi ?

▲ Un exemple de monnaie locale : le H.A.N.D.S. en Nouvelle-Zélande.

Rappel

Pensez à vos questions dès le début de l'année.

→ HGGSP

- En quoi le changement climatique permet-il la conquête de nouveaux territoires ?
- La conquête de l'espace est-elle compatible avec le développement durable ?
- Une coopération internationale est-elle possible pour limiter le changement climatique ?
- Le conflit israélo-palestinien : une paix impossible ?
- L'ONU : une organisation internationale obsolète ?
- Les mémoires française et algérienne de la guerre en Algérie (1954-1962) sont-elles réconciliables ?
- Comment éviter que les lieux de mémoire de la Shoah deviennent de nouveaux Disneyland ?
- Comment le château de Versailles est-il devenu le symbole de la République française ?
- Faut-il rendre aux anciens pays colonisés les œuvres d'art présentes dans les musées français ?
- Comment concilier le développement économique et la préservation de la forêt guyanaise ?
- La maîtrise de la connaissance est-elle toujours un élément de la puissance française ?

→ Mathématiques

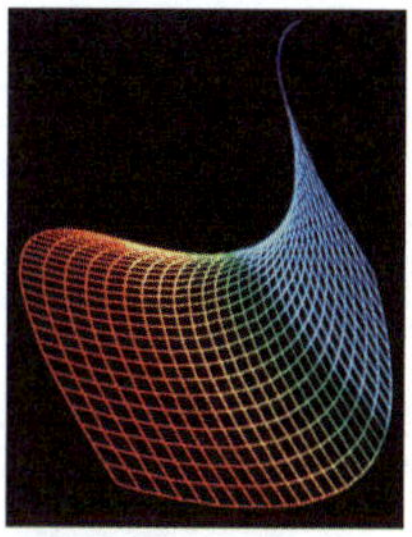
▲ Modélisation d'une selle de cheval.

- Est-il possible qu'une même chanson soit diffusée deux fois de suite dans une playlist diffusée en mode aléatoire ?
- Comment déterminer la distance entre deux droites de l'espace ?
- Comment modéliser une selle de cheval grâce aux mathématiques ?
- Comment construire une figure dont l'aire tend vers zéro et dont le périmètre tend vers l'infini ?
- Comment étudier la vitesse de convergence d'une suite ?
- Qu'est-ce qu'une fonction catastrophe ? L'exemple de la queue d'aronde.

→ Langues, littératures et cultures étrangères et régionales (LLCER)

- Comment le thème de la route a-t-il façonné l'identité américaine ?
- Comment les évolutions de la société britannique au 19ème siècle ont été sources de créativité artistique ?
- En quoi Shakespeare est-il un maître de l'expression des émotions ?
- Le bilinguisme au Canada : mythe ou réalité ?
- La conquête de l'espace est-elle une nouvelle manière de repousser la frontière américaine ?

→ SES / HGGSP

- La décroissance est-elle une solution pour limiter le changement climatique ?
- En quoi l'alphabétisation des femmes transforme-t-elle les sociétés des pays en développement ?
- Comment l'action publique française intervient-elle pour limiter le changement climatique ?
- Les États peuvent-ils réguler efficacement les plateformes numériques ?
- Comment expliquer la volatilité électorale ?

Accrochez !
La formulation de vos questions doit être accrocheuse et explicite.

→ MATHS / SES

- Comment comparer un prêt à taux constant et un prêt à taux variable ?
- Peut-on prévoir, grâce aux mathématiques, l'évolution d'une valeur boursière ?
- Comment étudier l'évolution d'une population grâce à différents modèles
- Mathématiques discrets ?
- Comment optimiser le profit d'une entreprise ?
- Pourquoi peut-on dire que les inégalités économiques augmentent ?

Crédits photographiques

14 : iStock/Prasit Rodplan ; **18 :** RÉA/Nicolas Tavernier ; **19 :** BIS/Ph.© Archives Nathan ; **84 :** iStock/Marc Bruxelle ; **85 :** iStock ; **88 :** Adobe Stock/Funtap ; **95 :** Adobe Stock/brankospejs ; **101 :** AFP/Joseph Eid ; **101g :** AFP/Eric Feferberg ; **108 :** AKG Images ; **109 :** AFP/Daniel Bockwoldt ; **115g :** D.R./Éditions Nathan ; **115m :** D.R. ; **115d :** Istock/Izabela Habur ; **120 :** Adobe Stock/PhotoAlto ; **127 :** Shutterstock ; **128 :** Vesna Rozman 2020 ; **129 :** Collection Christophe L. ; **135 :** iStock/querbeet ; **137 :** iStock/Ursula Alter ; **142 :** iStock/LazingBee.

N° projet : 10302922
Achevé d'imprimer en novembre 2024 par Vincenzo Bona S.p.A. à Turin en Italie